Georg Cornelissen

Jans(s)en vom Niederrhein

Die Erfolgsgeschichte eines Namens

Herausgeber:

Emmericher Geschichtsverein e. V.

Historischer Verein für Geldern und Umgegend e. V.

Klevischer Verein für Kultur und Geschichte/
Freunde der Schwanenburg e. V.

Historische Vereinigung Wesel e. V.

in Zusammenarbeit mit dem
LVR-Institut für Landeskunde und Regionalgeschichte, Bonn

Dieses Buch erscheint gleichzeitig als Band 43 der
Beiträge zur Geschichte der Stadt Emmerich

Vorwort

Wer selbst nicht *Janssen* (bzw. *Janßen, Jansen, Janhsen* oder *Janshen*) heißt, hat, so ist im zweiten Kapitel dieses Buches nachzulesen, mit einiger Wahrscheinlichkeit doch Vorfahren, die diesen Namen getragen haben. Das gilt wohlgemerkt für Niederrheiner und Niederrheinerinnen, in anderen Gegenden Deutschlands spielt dieser Familienname dagegen meist nur eine untergeordnete Rolle, wenn er dort überhaupt bekannt ist. Am Niederrhein aber gehört *Janssen* zum Kernbestand der regionalen Namengeschichte. *Janssen* (mit all seinen Varianten) ist hier Teil des landschaftlichen Kulturerbes.

Vier Geschichtsvereine haben sich zusammengetan, um das Namenbuch im Zusammenspiel mit dem LVR-Institut für Landeskunde und Regionalgeschichte in Bonn herauszubringen. Dies sind, in alphabetischer Reihenfolge, der Emmericher Geschichtsverein e. V., der Historische Verein für Geldern und Umgegend e. V., der Klevische Verein für Kultur und Geschichte / Freunde der Schwanenburg e. V. und die Historische Vereinigung Wesel e. V. Das Publikationsprojekt führte hier erstmals diese vier niederrheinischen Geschichtsvereinigungen zusammen. Drei der vier Vereine nutzen das Buch auch als Jahresgabe 2011 für ihre Mitglieder.

Alwine Strohmenger-Pickmann, die Vorsitzende des Klevischen Vereins für Kultur und Geschichte / Freunde der Schwanenburg e. V., hat für ihre Vereinigung die Herausgabe des Buches federführend in die Hand genommen. Ihr sowie den Vorständen der drei übrigen Vereine sei noch einmal herzlich für die freundschaftliche und produktive Zusammenarbeit gedankt. Für ihre Unterstützung bei der Suche nach geeigneten Quellen habe ich Dr. Stefan Frankewitz (Stadtarchiv Geldern), Dr. Martin Wilhelm Roelen (Stadtarchiv Wesel) und Drs. Bert Thissen (Stadtarchiv Kleve) meinen Dank abzustatten. Außer dem Autor waren in Bonn Janine Overmann, Stephanie Eumann, Elena Berroth und Katharina Rempel (Quellen- und Telefonbuchauswertung, Korrektur, Register) sowie Esther Weiß und Martina Schaper (Kartografie) beteiligt. Auch Ihnen gilt ein besonderer Dank.

„Vernetzung" lautet eins der Schlagwörter unserer Zeit. Was damit auf dem Feld der Landeskunde und der Regionalforschung konkret gemeint sein kann, unterstreicht das mit der Vorlage dieses Werkes erfolgreich abgeschlossene Zusammenwirken der genannten Vereinigungen und des LVR-Instituts. Gemeinsam hoffen wir auf zahlreiche Leser und Leserinnen für ein Buch, das über die Geschichte des besonderen Namens *Janssen* (mit seinen Varianten) hinausgeht und am Beispiel vieler anderer Familiennamen Grundzüge der niederrheinischen Namengeschichte beschreibt.

Bonn, im Juli 2011   Georg Cornelissen

Inhalt

Arnold Janssen (1837-1909) 9
Für alle, die nicht Janssen heißen 11
Johannes, der Kellermeister (1416/1417) 12
Katryn Jannes (1422/1423)....................... 13
Segher Johanssoen (1439) 15
Johan Snackert Janssoen (1467).................. 19
Henrik Janssoen (1489) 20
Jan van Aecken (1511) 24
Lamert Johansen (1568).......................... 27
Heinken Hennißkens (1578) 30
Brandt Janssoen oder Jansen (1592) 32
Die Tochter von Jan Thijssen (1596) 35
Jan Janssen (1599) 38
Johann Janssen (1616) 38
Lysbet Jans (1637) 39
Jacobus Joannis (1638).......................... 43
Derich Jans (1666 I) 44
Erken Janßen (1666 II) 45
Der Janssenhof (1675)........................... 49
Johann Süßelbeeck (1678) 51
König Hendrick Janssen (1681).................... 52
Agnes Janssen (1695) 53
Christina Janssen (1697)......................... 56
Johann Jansen (1772) 59
Petronelle Janssen (1805)........................ 61
Eva Janssen, geb. Iva Nathan (1808)............... 63
Johannes Janssen (1829)......................... 64
Wilhelmina Jansen (1858) 65
Die Janssenstraße............................... 66
Janßen vor Gericht.............................. 68
Jansen mit einem s 74
Janssen als Modename.......................... 77
Claes, Frenss, Thys und Jans 81
Wo jeder Dritte Janssen heißt 83
Nachweise..................................... 87
Literatur 91
Ortsregister.................................... 99
Register der Familiennamen 102
Verzeichnis der Abbildungen (einschließlich der Karten) .. 108

Arnold Janssen (1837–1909)

Wer aus Goch stammt und *Janssen* heißt, geht schon mal leicht unter. *Janssen*, oft auch *Janßen* oder *Jansen* geschrieben, ist nun einmal der Name am Niederrhein, und in Goch ist man sich sicher, der Mittelpunkt des *Janssen*-Kosmos zu sein, zumindest auf niederrheinischer Ebene. Der Dialektautor Thomas Bäcker hat diese Weltsicht in seinem *Janssen*-Lied auf den Punkt gebracht: „In Goch dor gääven et Janzes än dat wäll fiffhondert Stökk". 500 Gocher und Gocherinnen des Namens *Janze*! *Janze* (oft mit langem *a*) ist die Dialektaussprache all der *Janssens, Janßens* oder *Jansens*.

Der bekannteste *Janssen* aus Goch trug den Vornamen *Arnold*. Der im Jahre 1837 Geborene wählte den Priesterberuf und gründete 1875 in Steyl bei Venlo ein Missionshaus, das zum Zentrum der „Steyler Missionare" werden sollte. *Arnold Janssen* starb im Jahr 1909 und wurde 2003 heilig gesprochen, seine Heimatstadt Goch ist seit 2005 ein Wallfahrtsort.

Wie *Ingenbleek*, *Verhuven* oder *Völlings* gehört *Janssen* zu den typischen Familiennamen des Niederrheins – aber bei *Ingenbleek* oder *Völlings* kommt ein Niederrheiner heute ganz schön ins Grübeln, wenn er sich fragt, woher diese Namen stammen. *Ingenbleek* setzt sich zusammen aus *in* + *gen* + *Bleek*, also ‚in dem Bleek'. Ob dieses *Bleek* mit dem Dialektwort *Bleek* ‚Bleiche' zusammenhängt, kann ohne historische Studien niemand sagen. Nach demselben niederrheinischen Muster wurden einmal *Ingenpaß*, *Ingensiep* oder *Ingenstau* gebildet, auch *Aengeneyndt* oder *Aengenheister* (*an* + *gen*). In *Völlings* steckt der alte Rufname *Völling*, der im Mittelalter vielleicht *Vulling* oder ähnlich geschrieben wurde. Als der Rufname zum Beinamen und dann zum Familiennamen wurde, kam ein -*s* hinzu: *Vulling* > *Völlings*. Genauso sind einmal die Familiennamen *Peters, Jakobs* oder *Segers* entstanden.

Bei *Janssen*, so glauben viele am Niederrhein, liege die Namengeschichte offen. *Jan*, wie noch heute viele Männer namens *Johannes* gerufen werden, bilde den Kern des Namens. *Janssen* sei aus *Jan* + Sohn entstanden. In der Namenforschung ist man sich da aber nicht so sicher (siehe 1489). Darum wird es in diesem

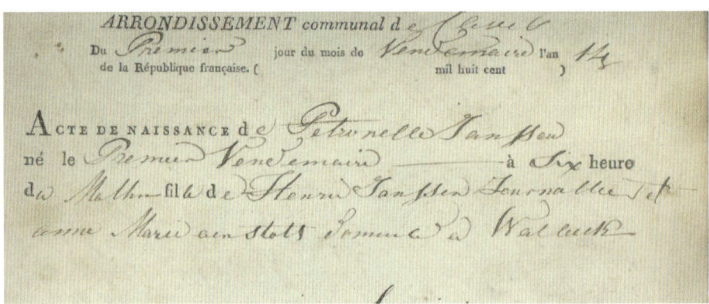

Abb. 1   Der Name *Janssen* einmal anders geschrieben – oder vielleicht doch nicht anders? Auszug aus einer Walbecker Geburtsurkunde des Jahres 1805 (siehe S. 61).

Buch unter anderem gehen: Wie ist der Name *Janssen* (mit all seinen Varianten) tatsächlich entstanden?

Im Vergleich zu *Ingenbleek, Verhuven* oder *Völlings* entwickelte *Janssen* (mit seiner ganzen Variantenvielfalt) eine viel stärkere Dynamik und wurde zu einem der großen Gewinner unter den Familiennamen am Niederrhein. In vielen Orten reichen selbst die *Schmitzens* und die *Müllers* zahlenmäßig nicht an die Träger des Namens *Janssen* heran. Wie es zu dieser Erfolgsgeschichte kommen konnte, möchte ich, dabei von Jahrhundert zu Jahrhundert fortschreitend, erklären, in einer Zeit anfangend, als manche Niederrheiner noch gar keinen Zunamen hatten und als dieser, wenn er doch vorkam, noch lange nicht erblich sein musste. Der Duisburger Kellermeister *Johannes* etwa, der uns 1416/1417 begegnet, kam noch ohne einen zweiten Namen aus.

Wer die für Kaldenkirchen überlieferte Bevölkerungsliste aus den Jahren 1624/1626 in Händen hält, stößt darin auf Personen mit den Beinamen *her Janß, Jennen, Jentgens* und *Jennißen* (siehe 1666 II). Die gehen ausnahmslos auf verschiedene Rufnamenformen von *Johann(es)* zurück. Wer fehlt, ist *Janssen*. Einige Jahrzehnte später sind dann aber auch in Kaldenkirchen Familien bezeugt, die den Namen *Janßen* tragen. *Janßen* scheint hier im 17. Jahrhundert ohne *Jansson*-Vorstufe aufzutauchen, ohne dass also die Kaldenkirchener Träger und Trägerinnen des Namens *Janßen* Vorfahren gehabt hätten, die *Jansson* oder *Janssoen* geheißen haben – müsste man, zumindest für diesen Ort, nicht von einem „Importnamen" sprechen? Wie „niederrheinisch" ist *Janssen* also wirklich?

Cornelissen, Derksen, Janssen, Petersen, Lukassen: An dieser kleinen Liste wird einen Niederrheiner der vierte *sen*-Name stören. Denn *Petersen* heißt hier kaum jemand, und wenn doch, dann stammen die Familie oder deren Vorfahren vermutlich aus dem Norden. Am Niederrhein sind vom Rufnamen *Peter* abgeleitete Familiennamen zwar häufig, aber sie lauten dann meistens *Peters* (oder *Peeters*). In diesem Fall entschieden sich die Menschen für den niederrheinischen Typ auf -*s* (wie auch bei *Jakobs, Hendricks* usw.). Im Gegensatz dazu machte bei den *Jan*-Namen das zweisilbige *Janssen* das Rennen und nicht etwa *Jans*. *Jans* spielt heute, rein quantitativ betrachtet, nur eine untergeordnete Rolle am Niederrhein. Im Gocher Telefonbuch (des Jahres 2005/2006) taucht vor den langen Kolumnen mit *Jansen, Janssen* und *Janßen* ein einziger Eintrag mit dem Familiennamen *Jans* auf. Die Chancen, dass hier im 19. Jahrhundert ein *Arnold Jans* das Licht der Erde erblickt hätte, waren also sehr gering.

Für alle, die nicht Janssen heißen

Dieses zweite Kapitel des Buches sei all den niederrheinischen Leserinnen und Lesern gewidmet, die nicht *Janssen* heißen und auch keine Verwandten dieses Namens (in welcher Schreibweise auch immer) haben.

Am 6. August 1893 heiratete der aus Ostpreußen stammende *Fritz Forstreuter* die Kevelaererin *Elisabeth Thum*. Ihre Mutter war eine geborene *Quetin* und deren Mutter hieß bei ihrer Geburt *Koenen: Johanna Maria Koenen* aus Asperden. Deren Vater (noch mit *C* geschrieben: *Gerhard Coenen*) hatte am 1. 5. 1803 die ebenfalls aus Asperden stammende *Maria Anna Jansen* geheiratet; die Eltern dieser Braut kennen wir nicht mehr.

Wie den Kevelaerer *Thums* geht es vielen am Niederrhein – ob sie es nun wissen oder nicht: Unter den vielen Familienlinien, denen sie ihre Abstammung verdanken, kommen die *Jansens* immer mal wieder vor! Mit manchem *Jansen* oder *Janssen*, dem Sie im Alltag über den Weg laufen, sind Sie eben doch – über wie viele Ecken auch immer – verwandt.

Franziska, eine Tochter des Kevelaerer Ehepaars *Forstreuter*, ehelichte übrigens später einen *Hubert Jansen* (siehe 1772). Womit wir wieder beim Thema wären.

Johannes, der Kellermeister (1416/1417)

Unter den Einnahmen, die die Stadt Duisburg im Haushaltsjahr 1416/1417 verbuchen konnte, tauchen auch zwei Schillinge auf, die der Kellermeister eines *Henrich Stecke* zu bezahlen hatte. Der Name dieses Mannes, so hielt der Stadtschreiber damals fest, war *Johannes*. In der Rechnung erscheint sein Name allerdings nur in der Form der Lettern *j, h, es* (*joh*ann*es*), der Rest begegnet im Rechnungstext als Abbreviatur (Abkürzung). Von den übrigen Personen, die an dieser Stelle erwähnt werden, hielt der Schreiber meistens Ruf- und Beinamen fest, etwa bei *henrich schoipkin* oder *johan vogel* oder *wilhelm becker*. Vom Kellermeister *Johannes* erfahren wir aber nur den Rufnamen. Ob er nicht doch einen Beinamen besaß, muss offen bleiben. Der Duisburger Stadtschreiber vermerkte ihn jedenfalls nicht. Vielleicht war die Identifizierung dieses Mannes über seine Position als *henrix steckn kelner*, „Henrich Steckes Kellermeister", in diesem Kontext ja auch schon ausreichend. Der kurz darauf genannte *wilhelm becker* könnte Bäcker von Beruf gewesen sein. Nicht auszuschließen ist aber auch, dass *Becker* ein Zuname war und dass dieser *Wilhelm* seine Brötchen auf ganz andere Weise verdiente.

Zwischen 1348 und 1449 hieß allerdings kein Duisburger *Janssoen* oder *Johanssoen* (oder ähnlich), jedenfalls taucht kein Träger dieser Namen in den bis heute erhaltenen Stadtrechnungen auf, die als Rechenschaftsberichte und Haushaltsjournale vorliegen und im Jahr 2003 von Margret und Arend Mihm in Buchform herausgegeben wurden.

Jan un allemann
Jan un allemann sagt man bis heute am Niederrhein, um auszudrücken, dass auch wirklich alle (ohne Ausnahme) gemeint sind: *Gestern bei Lamers, da waren Jan un allemann*

> *da*: Niemand hat gefehlt. Der Ausdruck stammt aus dem Dialekt. – Was unter den niederrheinschen Familiennamen *Janssen* ist, ist unter den Vornamen *Jan*. Der Eine ist ohne den Anderen schlicht nicht denkbar. Deshalb sei *Jan* in diesem Buch eine eigene Rubrik gewidmet.

In Wien, so hat kürzlich eine Studie ergeben, wurden die Beinamen um die Mitte des 15. Jahrhunderts erblich. Ohne eine solche Erblichkeit kann man nicht von „Familiennamen" sprechen. Wann es in Duisburg gebräuchlich wurde, den Beinamen innerhalb der Familie zu vererben, wann also ein *Johan Becker* Kellermeister sein konnte und den Beinamen an seinen Sohn *Wilhelm* weitergeben konnte, der vielleicht denselben Beruf wie sein Vater ausübte, müsste erst noch untersucht werden. Bedingung für die Entwicklung moderner Familiennamen war auf jeden Fall, dass Beinamen geführt wurden, dass sich also anstelle der ursprünglichen Einnamigkeit ein System von Ruf- und Beinamen etablierte.

Katryn Jannes (1422/1423)

„Wie man hieß und wie man heißt" – unter diesem Titel erschien im „Geldrischen Heimatkalender" 1974 ein Aufsatz von Arnold Zillgens zur Vornamengebung in Geldern zwischen dem 14. und dem 20. Jahrhundert. Für das ausgehende Mittelalter hatte er u. a. die Namen der Mitglieder der Liebfrauen-Bruderschaft ausgewertet; nicht weniger als 581 Männer ließen sich dabei unterscheiden. Die fünf häufigsten Rufnamen damals waren: 1. *Johann*, 2. *Heinrich*, 3. *Dietrich*, 4. *Gerhard*, 5. *Peter*. Nicht weniger als 60,3 Prozent der männlichen Bruderschaftsmitglieder trugen einen dieser fünf besonders beliebten Namen bzw. eine der damals üblichen Varianten dieser Namen! Zeitgenössische Varianten, mit denen man für den Niederrhein zu rechnen hat, sind *Henrick/Henrich, Derick/Derich* oder *Gerit* (zu *Gerhard*).

Zillgens präsentierte die Ergebnisse seiner Untersuchung in Form anschaulicher Tabellen. Viele der dort unter „*Johann*" auftauchenden Geldner dürften seinerzeit *Jan* genannt worden sein. In einer Geldner Schatzungsliste aus den Jahren

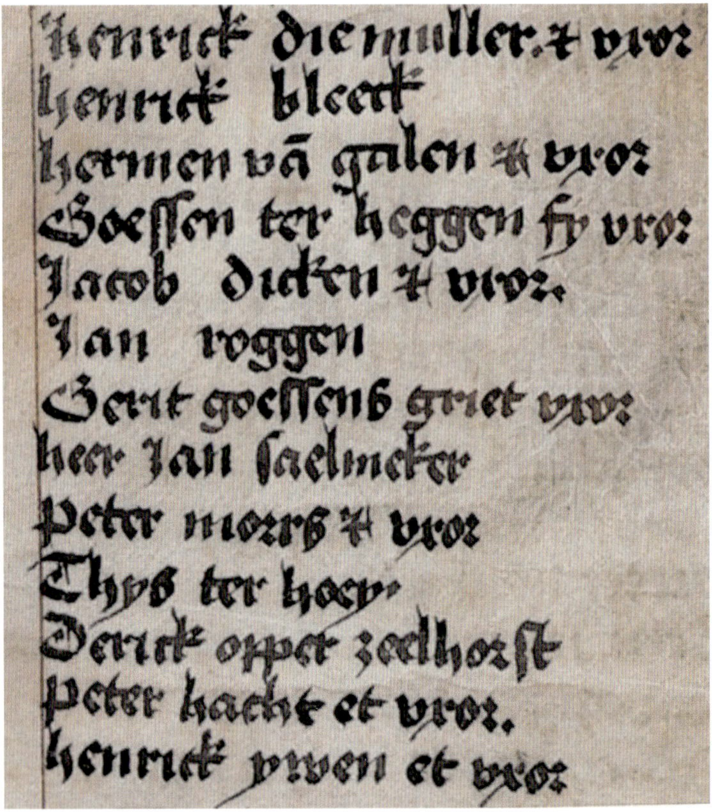

> henrick die muller + vro:
> henrick bleeck
> harmen vā galen + vro:
> Goessen ter heggen fy vro:
> Jacob dicken + vro.
> Jan roggen
> Gerit goessens griet vro:
> heer Jan saelmeker
> Peter mors + vro:
> Thys ter hoey·
> Derick opper zoelhorst
> Peter hacht et vro:
> henrick piven et vro:

Abb. 2   Ausschnitt aus der Mitgliederliste der Schuhmachergilde in Geldern (1536). Auch wenn *Janssen* hier fehlt – gut zu erkennen sind die verschiedenen *s*-Buchstaben, auf die sich heutige Schreibvarianten des Namens zurückführen lassen. Man vergleiche etwa die beiden „langen" *s* und das „runde" *s* im Namen von *Gerit goessens* (an siebenter Stelle).

1422/1423 begegnet diese Kurzform immerhin 48-mal. Zum Vergleich: Die Formen *Johannes, Johan* und *Jannes* finden sich dort jeweils nur ein- bzw. zweimal, die Variante *Jans* gar nicht.

Diese Schatzung, eine finanzielle Abgabe, diente dem Bau eines Stadttores. Eine der Bürgerinnen, die so zum Erhalt der Stadtbefestigung beizutragen hatte, hieß *Katryn Jannes*. Ihr Beiname, *Jannes*, war ein männlicher Personenname, der hier ohne jede Veränderung als Zuname eingesetzt wurde. Der Rufname

Katryn kam zu dieser Zeit, folgt man wieder den Ergebnissen Arnold Zillgens', unter den Frauen und Mädchen in Geldern insgesamt am häufigsten vor.

Bei den Männern und Jungen war damals *Jan/Johan/Jannes* usw. der führende Rufname: Fast ein Viertel aller Männer, die im ausgehenden Mittelalter zur Gelderner Liebfrauen-Bruderschaft gehörten, hieß so. Die Beliebtheit des Namens *Johannes* ist im ausgehenden Mittelalter auch in vielen anderen Regionen Europas zu beobachten. So entfielen in Florenz um 1260 ein Fünftel aller Männernamen auf *Jacobus, Guido, Bencivene, Ugo* – und *Johannes* natürlich.

Zillgens wertete auch die Gelderner Vornamen des 16., 17. und 18. Jahrhunderts aus. Der Anteil für *Johann* (*Johan, Jan, Jannes* usw.) schwankte dabei zwischen 22,6 und 27,3 Prozent. Im 19. und 20. Jahrhundert ging dieser Wert dann immer weiter zurück. Zwischen 1968 und 1972, dem letzten der Zeitschnitte in Zillgens' Untersuchung, hatte sich die Zahl der Vornamen, die den nun zur Welt kommenden Jungen gegeben wurden, im Vergleich zum Mittelalter vervielfacht. Die, die den Namen *Johannes* (u. Ä.) bekamen, machten immerhin noch 4,2 Prozent der männlichen Neugeborenen in Geldern aus. *Johannes* stand nun auf Platz 4, davor rangierten *Michael, Frank* und *Thomas*.

Für die spätere Erfolgsgeschichte des Familiennamens *Janssen* bleibt festzuhalten: Im ausgehenden Mittelalter und in der frühen Neuzeit waren die von *Johannes* abgeleiteten Rufnamen am Niederrhein die bekanntesten überhaupt. Es gab wohl kaum eine Familie, in der nicht der Vater, ein Onkel oder ein Vetter *Jan, Jannes* oder wie auch immer gerufen wurde.

Segher Johanssoen (1439)

Unter den Emmericher Neubürgern der Jahre 1432 bis 1439 findet sich der Beiname *Johanssoen* gleich dreimal: Im Jahr 1432 erhielt ein *Peter Johanssoen* das Bürgerrecht, vier Jahre später folgte ein *Lubbert*, 1439 wird ein *Segher Johanssoen* in die Bürgerliste aufgenommen. Dessen Vorname kommt im heutigen Familiennamen

Segers (oder *Seegers*) noch vor. Zwischen 1466 und 1477 begegnen dann fünf Neubürger, bei denen der Emmericher Stadtschreiber den Beinamen *Janssoen* notiert; die Männer heißen *Henrick, Eygen, Aleph, Henrich* bzw. *Telman Janssoen*. Was sich hier in Emmerich im Kleinen beobachten lässt, scheint für die Region insgesamt zu gelten: *Johanssoen* ist eine eher ältere, *Janssoen* eine eher jüngere Variante.

Im Archiv der Burg 's Heerenberg hat sich eine Zollliste des Jahres 1489/1490 erhalten. Damals stand dem Grafen von Bergh (='s Heerenberg) der Rheinzoll bei Emmerich zu. Burg (und Dorf) 's Heerenberg gehören zur Provinz Gelderland und liegen wenige Kilometer nördlich von Emmerich. Der Zollschreiber notierte seinerzeit akribisch die Namen der Händler oder Schiffer, die Zoll zu entrichten hatten. Da taucht zum Beispiel ein *Gerit Hermansson* auf, ein *Jo. Willemsson*, ein *Henrick Arntsson* oder ein *Sander Lambertsson*. Daneben werden *Henrick Johansson* und *Ruitger Johansson* genannt, und ein *Steuen Johansson* begegnet gleich zweimal. Der Emmericher Stadtschreiber hätte zu diesem Zeitpunkt vielleicht schon *Steuen Janssoen* geschrieben.

Die Namenforschung in den Niederlanden und in Belgien hat sich intensiv mit den Sohn-Namen beschäftigt. Im Gebiet der heutigen Provinz Gelderland (um Nimwegen und Arnheim) trifft man auf zahlreiche Familiennamen auf -*sen*, die auf frühere Sohn-Namen zurückgehen: *Gerritsen, Derksen* oder *Willemsen* gehören dort zu den besonders häufigen Familiennamen. Darin stecken die männlichen Rufnamen *Gerrit, Derk* und *Willem*.

Jan, Pitt un allemann
Der Mensch neigt bekanntlich zur Übertreibung, der Niederrheiner auch. Deshalb kann eine Steigerung wie *Jan, Pitt un allemann* auch nicht richtig überraschen. Der Ausdruck gehört in eine Reihe mit Begriffen wie *das Allerbeste* oder *am optimalsten*. Eigentlich wäre mit *allemann* Vollzähligkeit ja schon erreicht. Doch dann muss *Jan* noch hinzukommen, schließlich auch *Pitt*. *Jan* und *Pitt*, *Janssen* und *Peters* – das sind echte Niederrheiner.

Als Zwischenbilanz lässt sich festhalten: Auf dem Weg zu (heutigen) Familiennamen wie *Derksen* oder *Willemsen* sind Mitte des 15. Jahrhunderts bereits zwei Schritte zurückgelegt worden: Der erste bestand im Übergang von der Einnamigkeit zur Zweinamigkeit (siehe 1416/1417), der nächste in der Herausbildung der Sohn-Namen wie *Arntsson* oder *Willemsson* (aus denen sich später dann *sen*-Namen entwickeln konnten). Wie sich der mittelalterliche Beiname *Janssoen* und der heutige Familienname *Janssen* (mit all seinen Schreibvarianten) zueinander verhalten, soll hier noch offen gelassen werden.

„Patronyme" nennt man in der Namenkunde die vom Rufnamen des Vaters abgeleiteten Familiennamen. Dieser Begriff setzt sich aus den griechischen Wörtern für „Vater" und „Name" zusammen. So steckt in *Cornelissen* der Rufname *Cornelius* (*Cornelis*), in *Otten* der Rufname *Otto*, in *Jakobs* der Rufname *Jakob*. Wer heute allerdings *Jakobs* heißt, wird in aller Regel keinen Vater namens *Jakob* haben. Seitdem die Beinamen erblich sind, kann der Vater eines *Simon Jakobs* auch *Hermann* oder *Albert* heißen. Die Patronyme sind also wegen der Erblichkeit keine „Vaternamen" im eigentlichen Sinne mehr.

Das war bei dem Emmericher namens *Segher Johanssoen* möglicherweise noch anders – dann nämlich, wenn sich der Beiname bei ihm auf den Rufnamen des eigenen Vaters bezog. Es ist gut möglich, dass *Segher* der Sohn eines Mannes mit dem Rufnamen *Johan* gewesen ist. Und falls ein solcher *Segher Johanssoen* dann selbst wieder Nachkommen gehabt haben sollte und darunter einen nach dem Großvater benannten Sohn, könnte dieser dann *Johan Seghers* geheißen haben. *Johanssoen* und *Seghers* wären so noch echte Vaternamen gewesen. In seinen Anfängen war *Janssoen* sicherlich oft ein solcher Vatername im eigentlichen Sinne. Wer heute also *Janssen* heißt und bei seinen genealogischen Streifzügen auf die in der zweiten Hälfte des 15. Jahrhunderts bezeugten Emmericher Neubürger namens *Janssoen* stößt, hat wenig Anlass, in ihnen einen Vorfahren zu vermuten. Die Kinder von *Henrick Janssoen* hießen damals vielleicht *Henricks*, und die Kinder von *Telman Janssoen* wurden vielleicht *Custers* genannt, weil ihr Vater den Beruf des Küsters ausübte.

Abb. 3   Der Niederrhein und die benachbarten Niederlande.

In der namenkundlichen Literatur werden die beiden Begriffe Vatername und Patronym oft bedeutungsgleich verwendet. Im Rahmen einer Geschichte der Familiennamen – und wie sich zeigen wird: gerade beim Namen *Janssen* – ist es allerdings sinnvoll, zwischen dem eigentlichen „Vaternamen" und dem (durch Vererbung weitergegebenen) Familiennamen, dem Patronym, zu unterscheiden.

Johan Snackert Janssoen (1467)

Wenn man in niederrheinischen Archiven auf mittelalterliche Bevölkerungslisten stößt, handelt es sich meistens um Abgaben- oder Steuerlisten. Darin werden diejenigen Bürger (seltener auch Bürgerinnen) mit Namen genannt, die finanziell etwas beizutragen hatten. Ein solches Verzeichnis, datierend aus dem Jahr 1467, findet sich beispielsweise im Evangelischen Kirchenarchiv Wesel.

Auf dieser Abgabenliste trifft man u. a. auf folgende Weselaner: *Wenemer Johanssoen, Henrich Udelen Daemssoen, Johan Snackert, Johan Snackert Janssoen, Johan Snackert Derixsoen, Goissen Goissens Hermanssoen, Albert Janssoen, Reynken Hermanssoen* oder *Arnt van den Lodic Henrixsoen*. Insgesamt 17-mal tauchen hier Sohn-Namen auf, allerdings nur in vier Fällen als Zweitname (oder Beiname) wie bei *Wenemer Johanssoen*. In der Regel begegnen sie uns als Drittname wie im Fall von *Johan Snackert Janssoen*. Dieser *Johan* trug den in Wesel damals nicht seltenen Beinamen *Snackert*. Der Zusatz *Janssoen* verwies wohl auf den Rufnamen seines Vaters: *Johan* war der Sohn eines *Jan*.

Trifft diese Interpretation zu, dann waren Sohn-Namen als Bei- bzw. Familiennamen in Wesel in der zweiten Hälfte des 15. Jahrhunderts selten. Die Abgabenliste von 1467 bietet ganze vier Belege. Ergänzungen wie *Daemssoen* (*Daem* = *Adam*), *Derixsoen* (von *Deric*) oder *Janssoen* dienten eher der Unterscheidung von Personen. So gab es in dem genannten Jahr in der Stadt Wesel mit ihrer vergleichsweise großen Bevölkerungsdichte mindestens drei Männer namens *Johan Snackert*. Um Verwechslungen zu vermeiden, verwendete der Schreiber die Zusätze *Janssoen* und *Derixsoen*; der Vater des einen war also *Jan Snackert*, der Vater des anderen *Deric Snackert*.

Im nordholländischen Enkhuizen (an der Zuiderzee bzw. am IJsselmeer) trat diese Drittnamenmode ein Jahrhundert später in Erscheinung, nur dass der Vatername dann an zweiter Stelle genannt wurde, also zwischen Ruf- und Beiname/Familienname. Im 17. Jahrhundert war diese Variante der Dreinamigkeit in den Niederlanden dann weit verbreitet, abzulesen etwa am Namen des Dichters *Pieter Corneliszoon Hooft*. In Nimwegen lässt sich die

Vergabe dreier Namen gegen Ende des 17. Jahrhunderts gut beobachten, wenn bei Kindern, deren Vater *Jan* hieß, *Janssen* als Mittelname auftritt (siehe 1695).

Unter den 17 Weseler Belegen des Jahres 1467 kamen *Janssoen* sowie *Hermanssoen* jeweils dreimal vor, *Derixsoen* zweimal, die übrigen Sohn-Namen, darunter *Johanssoen*, tauchen nur einmal auf. Unter der Voraussetzung, dass *Janssoen* hier eher ein Unterscheidungselement als ein Beiname ist, lassen sich in Wesel für das ausgehende Mittelalter kaum Ansätze für die Ausbildung des späteren Familiennamens *Janssen* finden.

Johan Snackert Janssoen: Dieser Mann namens *Johan* war also *Jans* Sohn und hieß *Snackert*. Heute scheint der Name in Wesel nicht mehr vorzukommen: Weder als *Snackert* noch als *Schnackert*, auch nicht als *Schnackers* oder *Schnackertz*, zwei Varianten, die anderswo am Niederrhein und im Rheinland – wenn auch nicht besonders oft – noch belegt sind. Es kommen verschiedene Aspekte in Betracht, wenn man erklären will, warum der im Spätmittelalter recht beliebte Name *Snackert* inzwischen „verschwunden" ist. Grundsätzlich muss man immer mit dem biologischen Faktor rechnen, also mit dem Fehlen männlicher Nachkommen, die den Namen hätten weitergeben können. Im Falle von *Snackert* wirkte sich vielleicht auch die ursprüngliche Wortbedeutung aus. Der Name leitet sich nach Meinung des Namenforschers Frans Debrabandere von *snacken* „sprechen, plappern, quasseln" ab. Wenn ein Weselaner namens *Snackert* also nicht mehr als „Plaudertasche" oder „Quatschkopf" angesprochen werden wollte, kann das schon ein triftiger Grund dafür gewesen sein, den Namen abzulegen.

Henrik Janssoen (1489)

In seiner Dissertation hat Stefan Frankewitz die spätmittelalterliche Ämterverfassung in den Räumen Goch, Geldern und Straelen untersucht. Landesherr war damals der Graf bzw. (ab 1339) der Herzog von Geldern. Zu den Funktionsträgern auf der Ämterebene gehörten die Schöffen, deren Namen Frankewitz akribisch gesammelt und zu Listen zusammengestellt hat.

Insgesamt konnte er 266 in der Zeit zwischen 1272 und 1512 bezeugte Schöffen namentlich erfassen. Hier eine zeitlich und örtlich gegliederte Übersicht:

	13.	14.	15.	16. Jh.	Summe
Goch	15	29	51	0	95
Geldern	9	40	54	8	111
Straelen	0	12	43	5	60

Alle Schöffen trugen einen Beinamen, darunter auch solche, denen man am Niederrhein noch heute begegnen kann, wenn auch vielleicht in geänderter Schreibung. Einige Beispiele: Geldern: *Peter ten Have* (heute *Tenhaeff*), *Derik Pauwen, Peter ingen Hage, Jakob Rogman, Gerit van Aken, Gossen Kersken*; Straelen: *Heinrich Maes, Johan angen Eynde, Goswin Heister, Jan Jacops*. Einen Sohn-Namen sucht man unter den 60 Schöffen des Amtes Straelen vergebens. In Geldern taucht im Jahr 1363 mit *Gerard Slaichessoin* der einzige und zugleich auch schon letzte Beiname dieser Art auf.

Anders sah es im Amt Goch aus. Von den 95 dortigen Schöffen trugen immerhin neun einen Sohn-Namen: *Jakob Ludolfssoen* (erstmals 1342 genannt), *Heyne Abelssoen* (ebenfalls 1342), *Heinrik Jakobsson* (1367), *Didderik Rykwynssoen* (1385), *Heinric Cleynddidensoen* (1398), *Johan Wolterssoen* (1398), *Johan Kosterssoen* (1400), *Derik Wolterssoen* (1417) und – endlich! – *Henrik Janssoen* (1489).

Im Vergleich des weiter nördlich gelegenen Amtes Goch und der beiden Ämter Geldern und Straelen deutet sich ein Nord-Süd-Gefälle an, das den Niederrhein im ausgehenden Mittelalter insgesamt geprägt zu haben scheint: Sohn-Namen wie *Ludolfssoen, Abelssoen, Jakobsson* oder *Wolterssoen* traten eher im Norden auf! Aus *Jakobsson* entwickelte sich am Niederrhein in der Folge aber nicht *Jakobsen*, aus *Wolterssoen* nicht *Woltersen*; Niederrheiner und Niederrheinerinnen heißen heute *Jakobs* oder *Wolters*. Das sind Genitivformen.

Genitivnamen wie *Jakobs*, *Wolters* oder *Hendricks* gehören zum Kernbestand der niederrheinischen Namenwelt. Es würde deshalb auch keinen Sinn haben, den „Genitiv", diesen so sperrig klingenden zweiten Fall, einfach auszuklammern; manche kennen

Abb. 4 Heute lautet der Name in Straelen *Peeterß*. Es ist ein Genitivname wie *Abels* oder *Wolters*.

aus der Schule vielleicht auch die Bezeichnung „Wes-Fall". Die Niederrheiner hatten über Jahrhunderte ein Faible für die Bildung von Genitiven, so dass man hier auf ein Riesenarsenal einschlägiger Familiennamen stößt. Dabei muss man noch zwischen zwei Genitivgruppen unterscheiden:

Gruppe 1:
Abels, Arntz, Derks, Hendricks, Goossens, Jakobs, Josefs, Lamers, Peters, Segers, Völlings, Wilms, Wolters usw.

Gruppe 2:
Aben, Hinssen, Koenen, Lufen (Louven), Otten, Pau(w)en, Rütten, Thissen, Thönnissen usw.

Zur Gruppe 1 gehören Familiennamen, die ein Genitiv-*s* haben: *Abels* ist der Genitiv von *Abel*, *Jakobs* gehört zu *Jakob*, *Völlings* zu dem alten Rufnamen *Völling*. Manchmal wird statt des -*s* auch ein -*z* geschrieben, zum Beispiel bei *Arntz*, dem Genitiv von *Arnt*. Der Straelener Schöffe *Jan Jacops* (siehe oben) trug bereits einen solchen Genitivnamen. Nicht immer ist aber für Menschen des 21. Jahrhunderts zu erkennen, welcher (alte) Vorname nun die Wurzel des heutigen Familiennamens ist.

Die Genitivendung der Gruppe 2 ist -*en* oder -*n*. *Aben* ist der Genitiv von *Ab* (*Abraham*), *Hinssen* von *Hins*, *Koenen* von *Koen* (einer Kurzform von *Koenrad/Konrad*). Dass in *Pau(w)en* ein *Paul* (ohne *l*) steckt, ist nicht unbedingt zu erkennen. *Luf* war früher einmal eine Kurzform von *Ludolf*, mit *Lufen* als Genitiv. Niederrheinische Varianten von *Lufen* sind *Loeven* oder *Louven*, die alle einmal mit *u* ausgesprochen wurden und z. T. noch heute ausgesprochen werden. Im Hochdeutschen kommt dieser 2. Genitiv zum Beispiel in *des Löwen* oder *des Raben* vor. Anders als heute konnten früher also auch Namen auf diese Weise gebeugt werden.

In der Sprachwissenschaft wird die *s*-Form als „starker Genitiv" bezeichnet, die andere Form entsprechend als „schwacher Genitiv". Aber wo bleibt *Janssen*?

Von der Silbenstruktur her bieten sich für den Namen *Janssen* zwei unterschiedliche Erklärungen an: a) *Janssen* als schwacher Genitiv:

Dann würde man den Namen in *Janss+en* gliedern. Voraussetzung wäre, dass es einen Rufnamen *Jans* (aus *Joannes*) gegeben haben müsste, so dass *Janssen* wie *Luf+en* oder *Koen+en* gebildet worden wäre. b) *Janssen* als *sohn*-Name: Dann würde man den Namen als *Jan+ssen* (oder *Jans+sen*) lesen. *Janssen* würde dann auf älteres *Janssoen* zurückgehen und in dieselbe Reihe gehören wie die Namen der Gocher Schöffen *Heinrik Jakobsson* oder *Johan Wolterssoen*. Im Jahr 2010 erschien ein Aufsatz, der sich in grenzübergreifender Perspektive mit den Familiennamen in Deutschland, in den Niederlanden und in Belgien beschäftigte. Die beiden Autorinnen, Ann Marynissen und Damaris Nübling, nahmen natürlich auch den Namen *Janssen* bzw. *Jansen* unter die Lupe und kamen dabei zu folgendem Ergebnis: „Bei *Jansen* [...] und *Hansen* [...] ist weder im Deutschen noch im Niederländischen entscheidbar, ob es sich um die schwache Endung *-en* oder um einen *-sen*-Namen handelt." Im vorliegenden Buch möchte ich versuchen, einen Schritt weiterzukommen: Dabei soll die Geschichte dieses Namens – soweit er aus dem Raum zwischen Arnheim und Mönchengladbach stammt – zurückverfolgt werden. Wichtig wird also sein, ob sich als Ausgangsform der Rufname *Jan* oder *Jans* identifizieren lässt. Dass sich in diesem Gebiet im 15. Jahrhundert *Janssoen*-Belege finden lassen, haben Sie auf den letzten Seiten bereits lesen können. Ob und wie die Namen *Janssen/Janßen/Jansen* usw. tatsächlich an dieses spätmittelalterliche *Janssoen* anknüpfen, muss allerdings noch geklärt werden.

Jan van Aecken (1511)

Venlo gehörte über Jahrhunderte zum Herzogtum Geldern (und vorher zur Grafschaft Geldern). Eine der Pflichten der Stadt war es, dem geldrischen Herzog gegebenenfalls Soldaten zur Verfügung zu stellen. Im Jahr 1511 wurden in Venlo wieder einmal Söldner angeworben, deren Namen wir dank der im dortigen Stadtarchiv erhaltenen Musterungsliste kennen. Unter dem Hauptmann *Johan Hueghen* sollten 26 Männer dienen, von denen drei nur mit ihrem Rufnamen und ihrer Funktion erscheinen: *Peter* (als *piper*, Pfeifer), *Hensken* (als *trommesleger*) und *Melchior* (als *vendreger*, Fahnenträger). 20 der übrigen Soldaten trugen einen *van*-Namen, darunter *Jan van Aecken*, *Hensken van Tegellen* oder

Abb. 5   Die territoriale Gliederung an Rhein und Maas im Jahre 1543.

Gaert van Kessel. Aachen, Tegelen und Kessel sind die Orte, die in diesen Herkunftsnamen stecken.

Nicht weniger als sechsmal taucht als Zusatz *van Brey* auf: Von *Cristol van Brey* über *Kaelbrucht van Brey* bis *Henrick van Brey.* Gut möglich, dass all diese Männer aus dem Dorf Brey stammten, als dessen Schreibung sich später Bree durchgesetzt hat und das jetzt Maasbree heißt (siehe auch S. 59). Der heutige niederrheinische Familienname *Brey* könnte dieselbe Wurzel haben.

Fraglich ist allerdings, ob *Jan van Aecken* oder *Cristol van Brey* tatsächlich schon einen erblichen Familiennamen hatten oder ob sie nicht ganz simpel aus den genannten Orten stammten. Zu Beginn des 16. Jahrhunderts war der Prozess, in dessen Verlauf die Beinamen erblich wurden, jedenfalls noch lange nicht abgeschlossen. Bestätigt wird dies beispielsweise für Kaldenkirchen, einem Nachbarort Venlos, durch den Historiker Leo Peters. In seiner Geschichte Kaldenkirchens finden sich für die zweite Hälfte des 16. Jahrhunderts, ja sogar noch für das Jahr 1738 Gegenbeispiele, wenn dort etwa ein Küster als *Mattias Custers* auftritt oder ein Glasmacher als *Gerardt Glaßmächers*.

> *Jan Koppaaf*
> Über Jahrhunderte war *Johannes* der häufigste Vorname am Niederrhein (siehe 1439) – wenn auch die Träger des Namens im Alltag *Johann, Jan* oder *Hännes* gerufen wurden. Zwei Heilige standen Pate: Johannes der Täufer und der Evangelist Johannes. Das schreckliche Ende des Täufers ist bekannt: Herodes ließ ihn enthaupten. ‚Haupt' oder ‚Kopf' heißt auf Platt *Kopp*. *Jan Koppaaf*, wie Johannes der Täufer etwa im Dialekt von Nieukerk genannt wird, bedeutet also ‚Johannes Kopfab'.

Der Venloer Hauptmann trug 1511 den Vornamen *Johan*. Dreimal begegnet auf der Liste mit *Hensken* die Entsprechung unseres *Hänschen*, einer ja ebenfalls auf *Johannes* zurückgehenden Form. Noch häufiger tritt mit vier Belegen der Rufname *Jan* in Erscheinung, bei *Jan van Meer, Jan van Gratum, Jan van Meuwen* und eben bei *Jan van Aecken*. Vielleicht stoßen Niederrheiner, die heute *van Acken* oder *van Aken* heißen, hier auf einen ihrer Vorfahren – Bedingung dafür wäre natürlich die Vererbung des Namens. Dass *Jans* Kinder, falls er denn welche hatte, den Beinamen *Jansson* oder *Janssen* erhalten haben, so dass der ein oder andere heutige Träger dieses Namens ein Nachfahre unseres Venloer Söldners wäre, ist auch nicht ganz ausgeschlossen – obwohl die *Janssens* ihren ganz großen Auftritt erst später haben sollten.

Lamert Johansen (1568)

Im Jahr 1568 musste sich die Einwohnerschaft Wesels an den Ausgaben für die Befestigungsanlagen der Stadt beteiligen. Damals lebten hier viele „Fremde", von denen einige bei *Jan Diepenbruick* untergebracht waren. Während der Weselaner Bürger *Diepenbruick* sechs Stüber zu den Kosten der Baumaßnahmen beitragen musste, kamen von den bei ihm wohnenden *frembden* vier Stüber. Auch *Herbort van Andtwerpen*, der mit einem Taler dabei war, könnte, sieht man auf seinen Namen, zu den erst seit kurzer Zeit hier Ansässigen gehört haben.

Im 16. Jahrhundert strömten viele Niederländer, wegen ihres Glaubens von den Spaniern vertrieben oder vor ihnen geflüchtet, nach Wesel. Allein in den Jahren 1567/1568 sollen hier tausend Flüchtlinge Unterschlupf gefunden haben. Auf der im Stadtarchiv Wesel aufbewahrten Liste der „Contributionen zu der stadt vestungh von den burgeren gegeven anno 1568" tauchen einige von ihnen als *frembden* auf.

Bei vielen damaligen Bürgern Wesels gibt es Hinweise auf ihre Herkunft. Aus der näheren Umgebung könnten beispielsweise stammen: *Johan Bislich* (aus Bislich), *Jan van Burick – Rutger vann Buderich* (Büderich), *Jan van Galen* (Gahlen), *Gerhart vann Ginderick* (Ginderich), *Conrath vann Huns* (Hünxe), *Elbert van Schermbeck* (Schermbeck), *Rucken van Spellen* (Spellen). Einer der Weseler Bürger hieß *Starch van Wesell*. Gut möglich, dass er seinen Namen vom Vater geerbt hatte. Das könnte ebenso bei *Johan Bislich* oder *Rucken van Spellen* der Fall gewesen sein. Ob diese Herkunftsnamen also bereits Familiennamen im heutigen Sinne waren oder als bloße Angaben zur Herkunft einer Person anzusehen sind, lässt sich nicht ohne weiteres entscheiden.

Auf der Abgabenliste taucht auch ein *Jan die kuper van Goch* auf. Er könnte tatsächlich aus Goch stammen und Küfer gewesen sein. Ein analoger Eintrag auf der Liste lautete *Renier Kurfmecher van Akenn* (Aachen). Bei *Mr. Jan van Gelder peltzer* lagen die Dinge möglicherweise anders: Er war Kürschner (*peltzer*) und kam vielleicht aus Geldern, vielleicht „hieß" er aber auch tatsächlich *van Gelder*. Und dann gab es noch einen *Jan vann Hornn vann*

Gulich – da wird es schon unübersichtlich. Vielleicht stammte er ja tatsächlich aus Horn oder Jülich.

Weitere Orte des unteren Niederrheins, die 1568 als Zusatz oder Beinamen in Wesel begegnen: *Jann van Calcar* (Kalkar), *Aernt vann Cleve* (Kleve), *Johann vonn Dingdenn* (Dingden), *Gerhart vann Duissberch* (Duisburg), *Derich van Elten* (Elten), *Jan van Goch* (Goch), *Pastor van Issem* (Issum), *Jann vann Mentzelenn* (Menzelen), *Jan Moers – Lambert vann Moers* (Moers), *Laurentz van Rasfelt* (Raesfeld), *Jan van Rees* (Rees), *Bernt vann Santen* (Xanten), *Michel vann Stralen* (Straelen) und *Jann van Walsum* (Walsum). Eine Person wird kurz *Sonsbeck* genannt (Sonsbeck).

Wenn Orte, die weiter entfernt lagen, als Herkunftsnamen begegnen, handelt es sich naturgemäß eher um Städte: *Hans van Aken* (Aachen), *Maess Angermund – Conrath vann Angermondt* (Angermund), *Jenneckenn vann Bochum* (Bochum), *Karll van Dusseldurf* (Düsseldorf), *Jacob van Erckelens* (Erkelenz), *Menderich van Essen* (Essen), *Kerst vann Grevenbruch* (Grevenbroich), *Agichell vann Gulich* (Jülich), *Hermann vann Ketwich* (Kettwig), *Aernt van Nuess* (Neuss), *Jorienn vann Rekelinckhausenn* (Recklinghausen) und *Jan Velbert* (Velbert).

Ob es sich bei den folgenden Personen, wie vielleicht auch bei *Herbort van Andtwerpen* (siehe oben), um Glaubensflüchtlinge aus den Niederlanden handelt, muss offen bleiben. Ihr Name (bzw. ihre Herkunftsangabe) ließe sich allerdings so deuten: *Gerhaert Nimwegen – Herman vann Nimwegen* (Nimwegen), *Jan van Sutphenn* (Zutphen), *Henrich van Enschede* (Enschede), *wedwe Albert van Swoll* (Zwolle), *Vogelkorf van Mastricht – Jan Ackerman van Massricht* (Maastricht), *Gerhart van Leuwenn* (Löwen?).

Die Kontributionsliste enthält mit *Henrich Duden* oder *Thunis Snackert* (siehe 1467) bekannte Weselaner Namen. Zu den heute am Niederrhein häufigen Familiennamen gehören die Beinamen von *Gerhart Jacobs*, *Jan Peters*, *Gerhart Scholten* oder *Henrich Smitz* (heute *Schmitz*), die 1568 ebenfalls in Wesel lebten.

Jan (auch *Jann* geschrieben) war, wie die Beispiele gezeigt haben dürften, ein damals in Wesel überaus oft vorkommender

Rufname. Die Zahl der Männer, deren Vorname auf der Liste *Johan* (bzw. *Johann*) lautet, macht etwa ein Sechstel aus. Die denkbare Variante *Jans* (oder *Janns*) findet man nicht. Einige der Männer begegnen mit den Rufnamen *Hans*, *Henneken/Hennecken* oder *Jenniken/Jennekenn*, die sich alle auf *Johannes* oder *Johann* zurückführen lassen. Es dominiert allerdings, um das noch einmal zu betonen, die Form *Jan* (*Jann*).

Mehr als 1600 Namen sind auf der Liste von 1568 verewigt. Deren Auswertung im Hinblick auf *Janssen* und seine Varianten ergibt jedoch ein sehr mageres Ergebnis. Man stößt auf einen *Jan Janson*, ferner auf *Gerhaert Johannsen, Jelis Johansen* und *Lamert Johansen*. Zwei weitere, nicht leicht zu deutende Einträge lauten *S. Jans hern* und *Rosenhewer in S. Jans kamer*. Zweifelhaft ist die Position des *Jan* im Falle von *Kitger Jan* und *Doeff Jan*. Wenn man einmal im *Johannes*-Kreis bleibt, muss man noch *Mechtellt Hansß* berücksichtigen. Hier dient *Hansß* sicherlich als Beiname, ebenso wie *Burhans* im Falle von *Jann Burhans*. *Grart Jennekenn*, ein Armer (*pauper*), der laut Liste nichts zu den Baukosten beisteuern musste, dürfte *Jennekenn* als Zunamen getragen haben. Unterm Strich: Wesel lag um 1568 sicherlich nicht in dem Gebiet, in dem *Janson* und *Janssen* zu den bevorzugten Bei- oder Familiennamen gehörten.

Ein Jahrhundert zuvor (siehe 1467) konnte man in Wesel eine spezielle Drittnamenmode beobachten, die sich bei Namen wie *Johan Snackert Janssoen* oder *Goissen Goissens Hermanssoen* zeigte. Davon ist 1568 nichts mehr zu spüren. Doppelte Angaben im Nachnamenbereich tauchen nun mit einem *van* auf: *Renier Kurfmecher van Akenn* oder *Jan vann Hornn vann Gulich*.

Wenn nun auch Namen wie *Henrich Kruper genant van Beren* begegnen, wird man das als Hinweis auf das Erblichwerden des Nachnamens deuten können: Der Weselaner *Henrich* hieß eigentlich *Kruper*, wurde aber *van Beren* genannt. Allerdings tauchen auf der Kontributionsliste auch viele Männer auf, die nicht durch einen Zweitnamen, sondern offensichtlich oder möglicherweise über die Angabe ihres Berufes identifiziert werden: *Derich Bomesinnenwever, Jann die brouwer, Kerst Dachurer, Derick Glasmeker, Simon Leyendeker, Wilhelm Nagelsmit* oder *Wilhelm Uhrwerker*.

Es ist mehr als wahrscheinlich, dass der ein oder andere von ihnen tatsächlich Bombasinweber, Brauer, Tagelöhner, Glaser, Dachdecker, Nagelschmied oder Uhrmacher von Beruf war. Das würde im Analogieschluss bedeuten, dass manche der *vann Buderich* oder *van Goch* Genannten (siehe oben) nicht so hießen, sondern aus den jeweiligen Orten stammten – weil im Jahr 1568 der Prozess der Namenverfestigung am Niederrhein eben doch noch lange nicht abgeschlossen war.

Heinken Hennißkens (1578)

Heinken Hennißkens lebte in Bracht (zwischen Venlo und Viersen), als er 1578 die so genannte Türkensteuer bezahlen musste. Sein Vorname gehört zu *Heinrich/Heinrik*: *Hein* ist eine Kurzform, die hier durch das mundartliche Verkleinerungselement *-ken* wieder verlängert wurde. Dieses *-ken* taucht auch in seinem Nachnamen, zusammengesetzt aus *Henniß+ken+s*, wieder auf. *Henniß* war eine damals übliche Kurzform von *Johannes/Johannis*, *Hännes* sagt man noch heute am Niederrhein. Die Verkleinerungsform *Hennißken* erhielt, weil sie als Nachname gebraucht wurde, ein Genitiv-*s*, wie es ja von *Jacobs* oder *Peters* her bekannt ist (siehe 1489).

Steuern, die damals im Deutschen Reich erhoben wurden, um Geld für den Krieg gegen die Osmanen zu beschaffen, nannte man Türkensteuern. Für Bracht liegen für 1558/1559 und 1578 zwei Steuerlisten vor, die natürlich für die Bevölkerungsgeschichte wie für die Namengeschichte einen unschätzbaren Wert haben. Hier soll es jetzt um die Liste von 1578 gehen.

Bracht gehörte zum Amt Brüggen und damit zum Herzogtum Jülich. Die Akte mit den gut 250 Einträgen des Jahres 1578 beginnt mit den Worten: *Auf Dingstag den 7. Januarij Anno 78 seind der Amptman und Vogt Franz von Holtmullen und Joachim Hagk zu Brüggen erschienen und haben in beisein Diederichen Hogen, Johannen Eggenradt, Rutten Lenhardts und Johannen Schomacher, Scheffen, unt Arndt Gossens, Wilhelm in der Schmidten und Johan Heringen, Geschworen des Kirspels Bracht mit aussetzungen des eingewilligten Turckensteuren und was desfals jeders termins zuerlegen verordnung gethan wie folgt.*

Was folgt, ist die Liste, auf der auch die armen und deshalb von der Steuerzahlung befreiten Einwohner genannt wurden. Man findet in der Regel die Namen der Haushaltvorstände, mithin der männlichen Einwohner Brachts. Insgesamt 39 von ihnen trugen den Vornamen *Johan* wie etwa *Johan Pauwels* oder *Johan Henßkens*. Insgesamt siebenmal wird jemand *Jentgen, Jengen* oder *Jenncken* genannt, so *Jengen Heynen* oder *Jenncken Aelen*. Diese Verkleinerungsformen könnten sich theoretisch auf *Jan* oder *Jen* beziehen. *Jen* kommt auf der Liste nirgendwo vor, *Jan* taucht im Eintrag *Jennissen Jans Gut nun Bor Jannen* auf. Es ist nie ganz einfach, solche ungewöhnlichen Namenformen zu durchschauen. Vielleicht ist die Zeile so zu lesen, dass der Hof (das *Gut*) von *Jan Jennissen* jetzt *Bor Jannen* gehört. *Jans* wäre dann eine Genitivform des Vornamens *Jan*, während *Jannen*, ebenfalls im Genitiv, wohl als Nachname (wie *Otten* oder *Heynen*) zu betrachten ist.

> *Jahn, Pitt, Derk*
> *Jahn, Pitt, Derk / gingen noh de Kerk.* So fängt ein kleines Gedicht an, das man früher in Moers kannte. Zu *Jan* (*Jahn*) und *Pitt* (siehe S. 16) gesellt sich also als Dritter ein *Derk* (*Dietrich*): „Jahn, Pitt, Derk gingen zur Kirche." *Do kohm de Paschtor / on plog se be't Ohr*: „Da kam der Pastor und zog (pflückte) sie am Ohr." Nach dem Pastor tritt der Küster auf: *Do kohm de Köster / on satt se op de Röster*: „Da kam der Küster und setzte sie auf den Rost." Rettung bringt der Kaplan: *Do kohm de Kaplon / on säht: Loht doch die ärme Schelms mar gohn!* „Lass doch die armen Schelme nur gehen!"

Denkbare Zweitnamen wie *Johansen* oder *Janssen* waren 1578 in Bracht offensichtlich ungebräuchlich. *Henniẞkens* findet man in den Varianten *Henßkens* oder *Henskens* noch dreimal auf der Steuerliste, es scheint sich bei ihnen um Verwandte zu handeln. Weiter kommt ein *Heyn Hennen* vor. In *Hennen* steckt der Rufname *Henn*, der wie *Henniß* ebenfalls zu *Johannes* gehört. Auch ein *Hennen Hof* wird auf der Liste geführt, der nach einem *Hennen* benannt sein könnte. Schließlich lebte in Bracht noch ein *Gerhard Hansen*. Wenn man Männer mit den dazu passenden Rufnamen *Hans, Henniß* oder *Henßken* auf der Liste vergeblich sucht, wird das auch am Amtsschreiber liegen, der damals tätig war. Ob Brachter Einwohner wie *Johan Pauwels* oder *Johan Henßkens* im Dorf tatsächlich (immer und ausschließlich) *Johan* gerufen wurden, darf doch bezweifelt werden.

Es fällt weiter auf, dass die Kurzform *Jan* sehr viel seltener als *Jentgen* (und Varianten) genannt wird. Dass die Brachter Steuerliste von 1578 – ebenso wie die von 1558/1559 – für *Janssen* Fehlanzeige melden muss, scheint allerdings kein Zufall zu sein. Auch im benachbarten Kaldenkirchen (siehe 1666 II) stößt man erst in sehr viel späterer Zeit auf den Namen, um den sich in diesem Buch alles dreht.

Brandt Janssoen oder Jansen (1592)

Der Schlossmacher *Brandt Janssoen* war auf Beschluss der Bürgermeister und des Rates der Stadt Elburg in Haft genommen worden. Als er am 15. Januar 1592 wieder freikam, musste er Urfehde leisten, also eine Erklärung abgeben, dass er wegen der Verhaftung keinerlei Rache gegenüber der Stadt üben werde. Ohne diese Erklärung hätte man ihn wohl nicht auf freien Fuß gesetzt. *Ick Brandt Janssoen Slotemaker love und swere...* Mit diesen Worten beginnt der Text der Urfehde, der, wie anzunehmen ist, vom Elburger Stadtschreiber aufgesetzt wurde: „Ich, *Brandt Janssoen*, Schloßmacher, gelobe und schwöre…".

Elburg ist eine alte Hafenstadt und liegt zwischen Harderwijk und Kampen am IJsselmeer, etwa 15 Kilometer von Zwolle entfernt. Ihre große Zeit hatte die Stadt im Mittelalter, heute wirbt sie um Touristen mit dem Hinweis, sie sei eine der „meest bezienswaardige oude stadjes" der Niederlande. Wie Nimwegen und Arnheim im Norden oder Geldern und Viersen im Süden gehörte Elburg zum Herzogtum Geldern (Gelre).

Das Urfehdebuch, in dem der Text über *Brandt Janssoen* zu finden ist, umfasst den Zeitraum von 1563 bis 1596. In den verschiedenen Einträgen werden insgesamt 35 Männer namentlich genannt, zwei von ihnen ohne Angabe eines Rufnamens. Nicht weniger als 14 dieser Personen treten mit einem Sohn-Namen auf, darunter

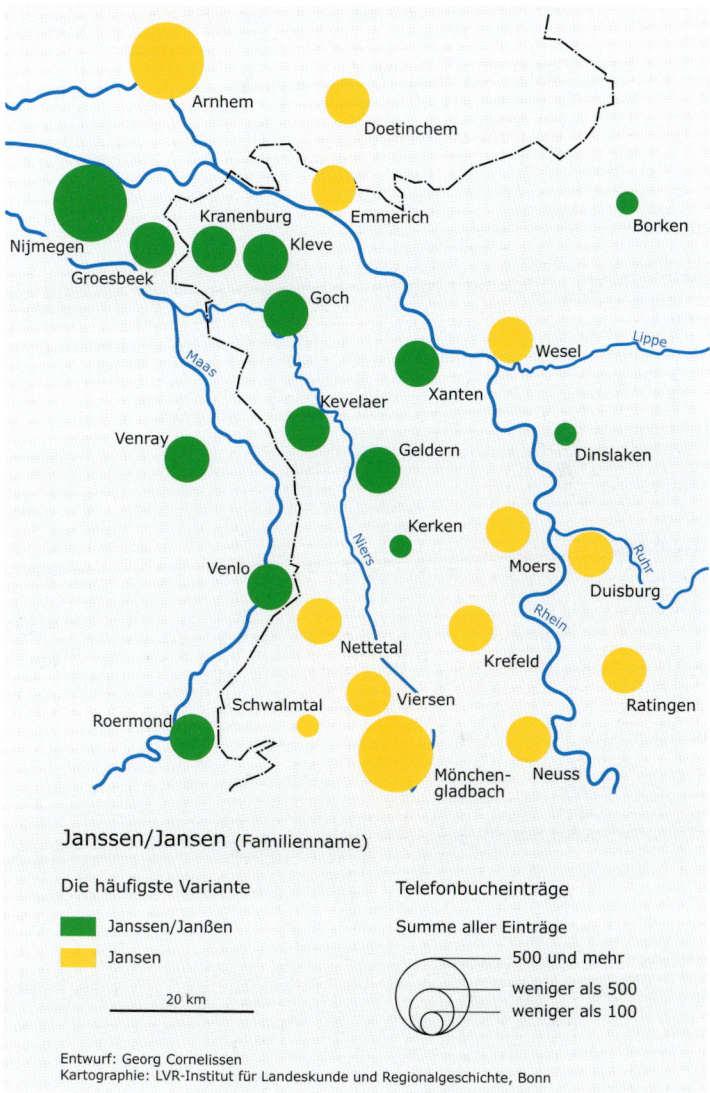

Abb. 6 Die verschiedenen Schreibvarianten des Namens und ihre Verbreitung.

Harman Claeszoen, *Wilhelm Cornelissoen*, *Albert Gerritssoen* oder *Peter Lambertssoen*. Auch *Johan Reeffssoen Henrickssoen* begegnet uns hier, der als Sohn des *Henrick Reeffszoen* vorgestellt wird, so dass *Henrickssoen* in diesem Fall ein echter Vatername (siehe 1439) und *Reeffssoen* (oder *Reeffszoen*) ein Familienname ist. Neben *Brandt Janssoen* tritt mit *Jurgen Janssoen* ein zweiter Träger dieses Beinamens in Erscheinung.

Die vom Schreiber verwendete Namenform stimmt nicht immer mit der Unterschrift des Urfehde Leistenden überein. Die Frau von *Johan Reeffssoen Henrickssoen* unterschreibt mit *Henrijck Kalers*, in dem vom Schreiber verfassten Text kommt sie als *Henricxken Kaerls* vor. *Jan Voss* (eigene Unterschrift) wird vom Schreiber als *Johan Vossoen* eingeführt. Und *Brandt Janssoen* unterzeichnet eigenhändig mit *Brandt Jansen*!

Im Raum Elburg geht der Familienname *Jansen* also auf älteres *Janssoen* zurück. Der Stadtschreiber verwendet die älteren, traditionellen Varianten (*Claeszoen, Janssoen* usw.), während der Handwerker *Brandt* hier vermutlich nach der tatsächlichen Aussprache schreibt. Analog dazu konnte aus *Claeszoen* später *Klaassen* werden oder aus *Cornelissoen: Cornelissen*. Verallgemeinert: Wo (wie in Elburg) heutigen *sen*-Namen ältere *soen*-Namen vorausgehen, gehört *Jansen* (oder *Janssen*) zweifelsfrei zu den Sohn-Namen.

Wer etwa mit Hilfe der digitalen Namenkarten des Meertens Instituut die Verbreitung des Namens *Janssen* (und *Jansen*) in den Niederlanden betrachtet, wird feststellen, dass Elburg heute sicherlich nicht mehr zu dessen Kerngebiet gehört. *Janssen* kommt in den Niederlanden besonders häufig entlang der Grenze zum Rheinland vor, mit einem klaren Schwerpunkt im nördlichen Abschnitt zwischen Nimwegen und Venlo. Weniger scharf konturiert ist das niederländische Kartenbild bei *Jansen*. Hier zeichnet sich allerdings eine Kernlandschaft ab, die ebenfalls im Osten der Niederlande, dort aber weiter nördlich als das *Janssen*-Zentrum liegt. Besonders hoch ist der prozentuale Anteil der *Jansens* zwischen Wageningen (nordwestlich von Nimwegen), Arnheim und Aalten (in der Nähe der deutschen Stadt Bocholt). Aus niederrheinischer Perspektive: Auf den Namen *Janssen* stößt man in den Niederlanden besonders häufig, wenn man die Grenze nach

Westen überquert, auf *Jansen* bei Besuchen in gelderländischen Nachbarorten im Norden.

In Elburg – das zeigt das Urfehdebuch für die Jahre 1563 bis 1596 – waren in der zweiten Hälfte des 16. Jahrhunderts Sohn-Namen (*Claeszoen, Gerritssoen, Janssoen* usw.) beliebt. Heute beträgt der Prozentsatz der Menschen namens *Jans(s)en* hier gerade einmal 0,67 (*Jansen* 0,54 Prozent, *Janssen* 0,13 Prozent). Auch Namen wie *Gerritsen, Derksen* oder *Willemsen*, die den Sohn-Namen zugerechnet werden können und die im Jahre 1947 die Plätze 6 bis 8 in der Provinz Gelderland belegten, stechen in Elburg nicht durch hohe Prozentwerte hervor. Zwischen 1600 und heute scheinen sich die Gewichte im System der Familiennamengebung massiv verschoben zu haben.

Die Tochter von Jan Thijssen (1596)

Am 2. April 1598 heirateten in Nimwegen der Soldat *Wolter van Wees* und seine Braut *Peterken Janssen*. Der Krieg zwischen den Niederlanden und Spanien dauerte da bereits drei Jahrzehnte. Für *Peterken Janssen* war es die zweite Ehe, nachdem ihr erster Mann, *Jan van Venloe*, gestorben war. Die Trauung des Paares *van Wees-Janssen* wurde vollzogen und protokolliert von einem protestantischen Pfarrer. Im ausgehenden 16. Jahrhundert gab es in Nimwegen viele Menschen namens *Janssen*. Dazu gehörten auch *Jan Janssen* und *Lisken Janssen*, ein Paar, das in demselben Jahr wie *Wolter* und *Peterken* heirateten. Oder auch *Maess Janssen*, der im Januar 1599 *Neess Geeritsen* zur Frau nahm; *Maess* selbst stammte, wie der Geistliche notierte, aus Nimwegen.

Jennitgen, die Tochter von *Jan Thijssen*, ehelichte 1596 (am 22. Februar) den gebürtigen 's Hertogenboscher *Jacop Jordans*, einen Büchsenmacher. Was auch immer *Jan Thijssen* seiner Tochter vererbt haben mag – seinen Namen gab er nicht an sie weiter, zumindest den Zweitnamen nicht. *Jennitgen* erbte allerdings den Vornamen ihres Vaters bzw. den davon abgeleiteten Namen *Janssen*: Als *Jennitgen Janssen* trat sie damals vor den Traualtar. Die gleiche Namenvergabe lässt sich bei *Beel Janssen* beobachten, deren Ehe ein Jahr später geschlossen wurde: Ihr Vater hieß *Jan Goessens*.

Oder bei *Trijn Janssen*, der Tochter von *Jan Willemsen*; *Trijn* heiratete 1597 den Soldaten *Jacop Duden* aus Naarden. Gut möglich, dass *Jan Thijssens* Vater den Vornamen *Thijs* getragen hatte. Bei *Jan Goessens* könnte der Rufname des Vaters *Goessen* gelautet haben, *Willem* könnte der Vater von *Jan Willemsen* geheißen haben.

All diese Nimweger, Nimwegerinnen und ihre Ehepartner waren Protestanten. Die Dokumente ihrer Eheschließungen befinden sich heute im Regionalarchiv Nimwegen (Regionaal Archief Nijmegen). Das Archiv hat inzwischen die Register zu diesen Unterlagen als Datenbank auf seine Homepage gestellt, so dass sie sich ganz bequem vom heimischen PC aus benutzen lassen. Familien- wie Namenforscher müssen den Archivaren und Archivarinnen dafür dankbar sein.

In den digitalisierten Registern Nimwegens taucht für den Zeitraum 1592 bis 1599 der Name *Janssen* insgesamt 145mal auf, für die Variante *Jansen* mit einem *s* gibt es dagegen nur 22 Treffer. Es kommen auch die Zunamen *Janss* und *Jans* vor, wiederum dominiert die Schreibung mit zwei *s*.

Dass *Janssen* im letzten Jahrzehnt des 16. Jahrhunderts (zumindest oft) kein erblicher Familienname, sondern ein vom Vornamen des eigenen Vaters abgeleiteter Zweitname war, lässt sich in Nimwegen immer wieder beobachten: *Janssen* als echter Vatername also (siehe 1439). *Jan*, eine Kurzform des äußerst beliebten Namens *Jo(h)annes*, war damals ein überaus häufiger Rufname. Unter der Voraussetzung, dass die Erblichkeit des Zunamens zu diesem Zeitpunkt noch nicht allgemein durchgesetzt war, konnte sich der Zweitname *Janssen* immer wieder aufs Neue bilden, der Vater des Kindes brauchte nur *Jan* zu heißen.

Janssen war augenscheinlich, wie *Peters* oder *Jacobs*, ein auch für die Weitergabe an Töchter geeigneter Name. Die Endung *-sen* wurde nicht mehr mit SOHN identifiziert, wie es bei *Janssoen* vermutlich stärker der Fall gewesen war.

Ein kurzer Einschub: In einer Gocher Schöffenurkunde des Jahres 1456, die sich im Archiv von Schloss Wissen befindet, kommt der Beiname *Johanssoen* gleich dreimal vor. Genannt werden dort *Derick Johanssoen* und *Gompart Johanssoen*, beide als Priester bezeichnet, sowie *Lysbeth Johanssoen* mit ihrem Sohn *Gerrit vanden Grave*. Bei diesen *Johanssoens* wird es sich um Verwandte gehandelt haben, vielleicht waren es Geschwister. Wie auch immer: Eine *Lysbeth* konnte damals durchaus einen Sohn-Namen tragen. Die meisten der in mittelalterlichen Texten mit Namenszusätzen wie *Willemson* oder *Johanssoen* auftretenden Menschen waren jedoch Männer, ganz einfach deshalb, weil Frauen zu dieser Zeit sehr viel seltener die Chance bekamen, als urkundende oder Steuer zahlende Person in Erscheinung zu treten. Wie oft Frauen also tatsächlich über einen Sohn-Namen identifiziert wurden, ist deshalb kaum zu ermitteln.

Zurück zum Ende des 16. Jahrhunderts. In den Jahren 1592 bis 1599 tauchen im Nimweger Material die Namenvarianten *Jansson/ Janssoen/Janssoon* nicht (mehr) auf, ebenso wenig *Janszon/Janszoen/ Janszoon*. Auch *Janson/Jansoen/Jansoon* fehlen. Dagegen kommt in den genannten Heiratsregistern wiederholt der Zusatz *Jansdochter* bzw. *Janssdochter* vor. Meistens handelt es sich dann um einen Drittnamen wie bei *Hester Francken Jansdochter* oder bei *Catrina Coutzen Janssdochter*. Seltenheitswert haben Fälle wie *Jannitgen Janssdochter* oder, mit Getrenntschreibung, *Heitgen Janss dochter*.

Janssen (ohne *-o-*) war nun formal und hinsichtlich seiner Verwendbarkeit in der Namenklasse angelangt, zu der *Nellessen, Thissen* oder *Theunissen* gehörten: bei den alten Genitiv-Namen also mit der ursprünglichen Bedeutung ‚des Nelles', ‚des Thiss' oder ‚des Theunis' (siehe 1489).

In den folgenden Jahrhunderten konnten sich Namen dann besonders gut durchsetzen, wenn sie problemlos zu vererben waren und damit auch für die weiblichen Nachkommen in Frage kamen. Vor diesem Hintergrund markiert der Übergang vom *soen*- zum *sen*-Namen (siehe 1592) einen wichtigen Schritt in der Erfolgsgeschichte des Namens *Janssen*.

Als die Namen dann erblich wurden, hieß der Sohn eines *Thijs Janssen* nicht mehr *Thijssen*, und die Tochter von *Jan Thijssen* konnte nur durch Heirat eine *Janssen* werden.

Jan Janssen (1599)

Im letzten Jahrzehnt des 16. Jahrhunderts wurden in Emmerich mindestens fünf Männer hingerichtet: Zunächst *Jakob van Venloe* (1590), dann *Hans von Brusegem* (1595) sowie *Hermann von der Ruer* und *Joist van Munster* (beide 1597). Mehr Glück hatte *Johann Grub*, als er im selben Jahr (1597) wegen Mordes vor Gericht stand, aber freigesprochen wurde. Der fünfte Hingerichtete hieß *Jan Janssen* (1599).

Jakob van Venloe stammte aus Wesel. Über die Herkunft *Jan Janssens* erfahren wir nichts; seinem Namen nach könnte es sich aber durchaus um einen Emmericher gehandelt haben. Denn hier lebten im 15. Jahrhundert Menschen namens *Johanssoen* und *Janssoen* (siehe 1439), und auf *Janssoen* folgte *Janssen*. Andere *Janssen*-Belege für Emmerich finden sich in einem Totenbuch aus der zweiten Hälfte des 16. Jahrhunderts, angelegt von einem hier wirkenden Kanoniker. Darin taucht der Name als *Jansen* und *Janßen* (in der Verschriftung des 20. Jahrhunderts) auf. Ein Eintrag aus dem Jahr 1594 betrifft beispielsweise einen *Jacob Jansen*, von dem es heißt, er sei in Amsterdam gestorben, habe früher allerdings in Emmerich gelebt. An anderer Stelle wird ein *Jann Janßen* erwähnt, der aber nicht identisch ist mit dem Gehenkten und vor 1599 bereits gestorben war.

Dass Namen – wie Goethe meinte – tatsächlich Schall und Rauch sind, bestätigt sich auch im Falle *Janssen*: Träger dieses Namens wurden schon als Verbrecher hingerichtet und als Heilige zu den Ehren der Altäre erhoben.

Johann Janssen (1616)

Im Jahre 1905 hielt Jean Real auf der Sitzung des Historischen Vereins für Geldern und Umgegend einen Vortrag, in dem er 140 „alte" Familiennamen der Stadt Geldern vorstellte. Den ersten *Janssen* fand er innerhalb des ihm zur Verfügung stehenden Materials in *Johann Janssen*, dem Ehemann von *Liesbet ten Boemert*. Die Namen der Eheleute waren Real bekannt, weil sie in einem Dokument über den Verkauf ihres Hauses in Geldern festgehalten worden waren. Das geschah am 8. Juni 1616. Die Reihe der Namensträger (laut Real offensichtlich ausnahmslos mit Doppel-*s* geschrieben) setzte sich 1633 fort, als *Derick Janssen* als Mitglied der Nikolaus-Gilde starb. Weitere *Janssens* tauchten 1670, 1674, 1682 (zwei Personen), 1687 (ebenfalls zwei Belege), 1701, 1714 und 1762 auf. Für andere Bei- oder Familiennamen wusste der Referent weit ältere Erstbelege zu nennen; Beispiele könnten *ter Horst* (1452), *van Bon(n)* (1479) oder *Beurskens/Borsken* (1548) sein.

Diese – natürlich durch sehr viele Zufallsfunde zusammengekommene – Liste spricht nicht für eine massive Verbreitung des Namens *Janssoen* (oder Varianten) im spätmittelalterlichen Geldern. Wie ja auch unter den Schöffen des Amtes Geldern, dem die Dörfer in der Umgebung der Stadt angehörten, kein *Janssoen* oder *Johanssoen* zu entdecken war. Außerdem war im 15. Jahrhundert auch nicht ein einziger Schöffe mit einem anderen Sohn-Namen zu finden (siehe 1489). Die Folgerung aus diesen Beobachtungen kann nur lauten: Geldern gehört möglicherweise – anders als Emmerich oder Goch – schon nicht mehr zu jenem Gebiet, in dem *Janssen* als organische Fortsetzung einheimischer *Janssoen*-Namen gelten kann. Dann wäre die *Janssen*-Geschichte Gelderns eher mit der von Venlo (siehe 1637) oder Kaldenkirchen (siehe 1666 II) zu vergleichen.

Lysbet Jans (1637)

Lysbet Jans war Patin, als am 12. September 1637 der kleine *Theodorus* getauft wurde, ein Sohn von *Gerit Metten* und seiner Frau *Aleytken*. Die Taufe hätte eigentlich in Horst stattfinden müssen, denn dort war die Familie des Täuflings zuhause. Aber wegen des Krieges wurde *Theodorus* in der etwa zwölf Kilometer entfernten Stadt Venlo getauft.

Der Krieg sollte später als der Achtzigjährige Krieg in die Geschichtsbücher eingehen, nachdem er im Jahr 1648 durch den Frieden von Münster und Osnabrück ein Ende gefunden hatte. Zwischen 1636 und 1638 wurden in Venlo nicht weniger als 248 Kinder katholisch getauft, die aus Orten in der näheren und weiteren Umgebung der Stadt stammten. In diesem Landstrich an

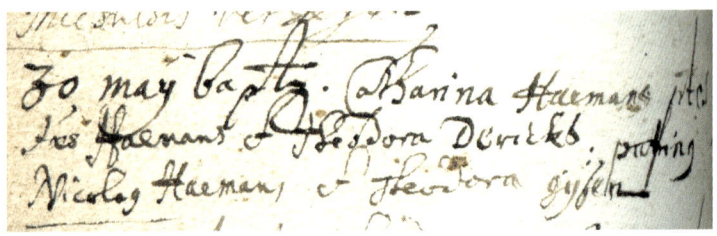

Abb. 7 Am 30. Mai 1684 wurde in Warbeyen die kleine *Catharina Haemans* getauft. Sie war die Tochter von *Jo[hann]es Haemans* und *Theodora Dericks*. Als Taufpaten traten *Nicola[us] Haemans* und *Theodora gÿsen* in Erscheinung. Dieser Taufbucheintrag aus Warbeyen zeigt nicht weniger als drei verschiedene *s*-Buchstaben: das lange *s* in *gÿsen* sowie zwei runde *s* (man vergleiche die Schreibung von *Haemans* und *Dericks*). Wenn man die verschiedenen *Janssen*-Schreibungen aufdröselt, gerät diese alte Buchstabenfülle in den Blick (siehe S. 69).

der Maas, der 1648 an die Spanier zurückfallen sollte, hatten damals gerade die Niederländer das Sagen. Als in den Dörfern die Ausübung der katholischen Religion untersagt wurde, mussten die Eltern mit ihren Kindern zum Pastor von Venlo gehen oder fahren, um sie dort katholisch taufen zu lassen. Hier, in Venlo, war das nämlich erlaubt. Die Täuflinge stammten unter anderem aus Baarlo, Blerick, Herongen, Horst, Maasbree, Lottum, Sevenum oder Velden. Chrit Klerken hat 2008 eine Liste der 248 Taufen zusammengestellt.

Der Venloer Pastor taufte die Kleinen und vermerkte im Kirchenbuch neben dem Datum der Taufe den Rufnamen der Täuflinge sowie die Namen ihrer Eltern und Paten. Zumeist waren es zwei Personen, die Pate standen, in der Regel ein Mann und eine Frau; manchmal wurden auch gleich drei Paten gewählt. Im Taufbuch findet sich die Mutter der Kinder oft nur mit ihrem Vornamen (wie auch im Fall der Mutter von *Theodorus*), in anderen Fällen trägt sie denselben Namen wie der Kindsvater. Nicht selten ist der Fall, dass die Eheleute mit unterschiedlichen Zunamen beggenen, so beispielsweise *Hendrick Lysten* und *Ursula Janssen* aus Maasbree, die Eltern des am 2. Juli 1637 getauften *Wilhelmus*. Insgesamt summieren sich die Zunamen der Eltern und Paten auf 752, wenn man identische Namen bei Eheleuten jeweils nur einmal zählt.

Der Name *Janssen* (stets mit zwei *s*) taucht unter den Einträgen insgesamt achtmal auf; andere Zunamen, die sich ebenfalls in irgendeiner Form vom Rufnamen *Jo(h)annes* (bzw. *Johan*) ableiten lassen, kommen 13mal vor: *Janmans* (2), *Jans* (6) und *Joannis* (5). *Janssen* bringt es also auf einen Anteil von etwa 1,06 Prozent an den 752 Namenbelegen; alle vier Namen (21 Personen) machen circa 2,79 Prozent aller Belege aus den Jahren 1636-1638.

> **Mullejanes**
> *Janes* ist eine der vielen Varianten, unter denen *Jan* im Dialekt auftauchen kann. Im Mönchengladbacher Platt kennt man auch den *Mullejanes*, wobei man wissen muss, dass *Mull* ‚Maul, Mund' bedeutet. Einen ‚Maulhelden' nennen die Mönchengladbacher *Mullejanes*. Wem jetzt der *Dummerjan* in den Sinn kommt, dem sei gesagt: Im *Dummerjan* steckt ursprünglich gar kein Name; das Wort geht vielmehr auf *Dummrian* zurück und ist eine Ableitung wie *Schlendrian* und *Grobian*.

Im Jahre 2007 hießen ungefähr 2,61 Prozent der Einwohner und Einwohnerinnen Venlos *Janssen* bzw. *Jansen*. Das ergibt sich aus der niederländischen Familiennamen-Datenbank, die das Meertens Instituut (Amsterdam) auf seiner Homepage zur Verfügung stellt. Am häufigsten ist in Venlo die Variante mit Doppel-*s*: *Janssen* (siehe unten). Heute gibt es in Venlo also deutlich mehr Träger des Namens *Janssen* (einschließlich *Jansen*), als bei den Taufen zwischen 1636 und 1638 gezählt werden konnten.

Nun stammten damals die Eltern (und vermutlich auch die meisten Patenonkel und Patentanten) nicht aus der Stadt Venlo, sondern aus deren Umgebung. Allerdings sind einige der Orte im Rahmen kommunaler Neugliederungen inzwischen zu Stadtteilen von Venlo geworden, das gilt etwa für Baarlo oder Blerick. Horst, um ein anderes Beispiel zu nennen, ist heute Zentralort der Gemeinde Horst aan de Maas. Die Zahl der im Jahr 2007 in dieser Kommune lebenden Menschen namens *Janssen* bzw. *Jansen* betrug 2,94 Prozent (2,77 + 0,17 Prozent). Die entsprechenden Werte für Maasbree lagen bei 3,38 Prozent (3,29 + 0,09 Prozent), für Sevenum bei 4,51 Prozent

(4,05 + 0,46 Prozent). Der Anteil der Menschen, die in diesem Raum heute *Janssen* oder *Jansen* heißen, hat seit dem 17. Jahrhundert signifikant zugenommen.

Im Telefonbuch 2004/2005 finden sich für Venlo folgende Einträge (die Anzahl der Namensträger ist entsprechend höher): *Janssen* 407, *Jansen* 73, *Jans* 7, *Janse* 7, *Janssens* 6, *Janissen* 4, *Jenneskens* 4, *Jentjens* 4, *Janzen* 3 (ferner einige je einmal oder zweimal vorkommende Namen). Der alte, regional verankerte Name *Jans* spielt gegenwärtig in Venlo, rein zahlenmäßig betrachtet, nur noch eine sehr untergeordnete Rolle. Die Namen *Joannis* oder *Janmans* aus dem alten Taufbuch sucht man in Venlo heute wohl vergeblich. Zwischen der Mitte des 17. Jahrhunderts und heute haben sich demnach zwei gravierende Entwicklungen vollzogen: 1. Die Zahl der Menschen namens *Janssen* (einschließlich *Jansen*) hat im Raum Venlo prozentual deutlich zugenommen. 2. Andere von *Jo(h)annes* (oder *Johan*) abgeleitete Zunamen haben in demselben Zeitraum gegenüber *Janssen/Jansen* erkennbar an Attraktivität eingebüßt.

Dass in der ersten Hälfte des 17. Jahrhunderts die Beinamen noch längst nicht in allen Fällen zu erblichen Familiennamen geworden waren, zeigt sich auch auf der von W. Th. M. Hendriks zusammengestellten Liste der Venloer Neubürger aus dieser Zeit. So wird etwa für das Jahr 1611 ein *Henrick Kerstjens* als Neubürger der Stadt genannt, dessen Vater den Namen *Kerst vangen Nothenhave* führte. Aus dem Rufnamen des Vaters (*Kerst*) leitete sich also der Zuname seines Sohnes ab. Ein Gegenbeispiel: In demselben Jahr wurde das Bürgerrecht auch von einem *Matthijs Voijrman* erworben, von dem es hieß, er sei *de soen van Meuws Voijrman*. Solange die Erblichkeit des Namens allerdings noch nicht allgemein durchgesetzt war, konnten die Karten immer wieder neu verteilt werden – *Janssen* profitierte davon.

Zwischen 1508 und 1637 trugen übrigens drei Venloer Neubürger den Namen *Janssen,* je einer hieß *Janszon* (anno 1528) und *Jansen* (1600). Ebenfalls jeweils einmal tauchte als Beiname *Joannis* (*Pouwels Joannis van Vijersen*; 1525) und *Johanss* (*Johan Johanss van Eyck*; 1610) auf. Die fünf *Janszon/Janssen/Jansen*-Belege machten dabei etwa 1,47 Prozent der 341 Gesamtnamen zwischen 1508 und 1637 aus.

Jacobus Joannis (1638)

Zu den Trägern des Zunamens *Joannis*, die im Rahmen der 248 Venloer Taufbucheinträge auftauchten (siehe 1637), gehörte auch der Organist *Jacobus Joannis*. Als im Juli 1638 ein Junge getauft wurde, dessen Pate offensichtlich verhindert war, sprang er ein.

Sein Name *Joannis* leitet sich vom Rufnamen *Joannes* ab, wie er in dem Venloer Kirchenbuch vielfach begegnet. *Joannis* ist – nach *Jakobs* und *Otten* (siehe 1489) – die dritte bei den regionalen Familiennamen ins Spiel kommende Genitivbildung: der lateinische (oder latinisierte) Genitiv. Der Venloer Pastor notierte vergleichbare Fälle, wenn er als Zunamen der Eltern oder der Paten etwa *Henrici*, *Hermanni*, *Mathiae* oder *Matthei* schrieb.

In aller Regel stößt man im Taufbuch auch auf nichtlateinische Parallelnamen: auf *Hendrickxs* neben *Henrici*, auf *Hermans* neben *Hermanni*, *Tyssen* begegnet neben *Mathiae* und *Teuwen* neben *Matthei*. Man trifft auf die Zunamen *Cornelii* und *Cornelissen* (oder auch *Nellen*), auf *Huberti* und *Huyberts*. Und neben *Joannis* (mit fünf Belegen) kamen ja *Jans*, *Janmans* und *Janssen* vor (siehe 1637). Auch wer mit der heutigen Namenwelt am Niederrhein (und im niederländischen Grenzgebiet) recht gut vertraut ist, wird möglicherweise niemanden persönlich kennen, der *Mathiae* oder *Joannis*/*Johannis* heißt. Menschen mit Namen *Thyssen* oder *Janssen* aber kennt jeder. Die lateinisch daherkommenden Varianten haben heute Seltenheitswert – wenn sie nicht sogar völlig verschwunden sind.

Als Rufnamen der Täuflinge findet man im Kirchenbuch von Venlo *Hendricus, Joannes, Joachimus* oder *Mattheus, Elisabetha, Gertrudis, Godefrida* oder *Henrica*: Die meisten Taufnamen erscheinen in lateinischem Gewand. „Normale" Rufnamen wie *Andries* oder *Jan, Lisbet* oder *Metken* notierte der Pastor nur selten. Auch der Vorname des Organisten (*Jacobus*) hatte den lateinischen Wortausgang. Übrigens kam der dazu passende Zuname (*Jacobi*) nicht ein einziges Mal vor, während *Jacobs*, mit seinem einheimischen Genitiv-*s*, unter den 752 Namenbelegen der Jahre 1636-1638 immerhin gleich viermal begegnet.

Derich Jans (1666 I)

Die Tagung „Von Angenendt bis Seegers/Zeegers" fand am 17. November 2007 in Geldern statt. Es war das erste Mal, dass die Familiennamen des Niederrheins und der angrenzenden Niederlande zum Thema einer solchen Veranstaltung gemacht wurden. Einen der Geldener Vorträge hielten die Namenforscherinnen Rita Heuser und Damaris Nübling, die die Besonderheiten der niederrheinischen Familiennamen innerhalb der deutschen Namenlandschaft herausstellten. Als 2010 der Sammelband mit den Tagungsvorträgen erschien, gaben sie ihrem Beitrag den Titel „Von *Angenendt* über *Derix*, *Janssen* und *Terlinden* bis *Elspaß*". *Janssen*, hier in der Doppel-*s*-Variante, durfte darin nicht fehlen.

Die beiden Autorinnen veröffentlichten dazu eine Verbreitungskarte für unseren Namen. Darauf ist gut zu erkennen, dass *Janssen* auch ein typisch ostfriesischer Name ist; er begegnet dort vor allem in den Schreibungen *Janssen* und *Janßen*. Das andere *Janssen*-Zentrum in Deutschland ist der Niederrhein. Wie die auf der Auswertung von Telefonanschlüssen basierende Karte zeigt, hat man am nördlichen Niederrhein mit besonders vielen Namensträgern zu rechnen. Im Raum Kleve-Goch, so die Aussage der farbig aufgeteilten Symbole, sind drei Varianten beheimatet: *Janssen*, *Janßen* und *Jansen*. Das gilt ähnlich für den sich südlich anschließenden Streifen um Kevelaer und Geldern. Laut Telefonbuch wohnen dann noch im Westzipfel des Rheinlands, im Raum Heinsberg also, recht viele Menschen namens *Jansen* (mit einem *s*!). Der Fußballnationalspieler *Marcell Jansen* stammt aus dem benachbarten Mönchengladbach.

Die Dörfer Dremmen, Oberbruch und einige andere Orte, die heute zur Stadt Heinsberg gehören, bildeten in der frühen Neuzeit die Bank Dremmen. Leo Gillessen hat für diesen Gerichts- und Verwaltungsbezirk die so genannte Huldigungsliste aus dem Jahr 1666 ausgewertet und alle darin verzeichneten Einwohner aufgelistet. „Gehuldigt" wurde damals dem Landesherrn: Das Herzogtum Jülich (zu dem die Bank Dremmen gehörte) war in diesem Jahr an Pfalz-Neuburg gegangen. Viele der noch heute im Heinsberger Raum bekannten Namen sind schon 1666 belegt, etwa wenn man auf *Jann Esser, Peter Gielen* oder *Wilm Hilgers* stößt. Man kann wohl davon ausgehen, dass die lange Liste so gut wie alle in den dortigen Ortschaften damals gebräuchlichen Beinamen enthält.

Zwei der Dremmener Einwohner tragen den Beinamen *Janßen*, zehn heißen *Janß* oder *Jans*; einer von ihnen ist *Derich Jans*. Außerdem lebte 1666 in Dremmen noch ein *Lenart kort Jans*. Dagegen hat sich bis heute das Zahlenverhältnis zwischen *Jansen* und *Jans* im Raum Heinsberg umgekehrt, *Jans* spielt hier nur noch eine untergeordnete Rolle. Die Geschichte von *Jansen* scheint in Heinsberg ähnlich verlaufen zu sein wie im gut 25 Kilometer entfernten Venlo – oder wie in Kaldenkirchen (siehe unten).

Erken Janßen (1666 II)

Für Kaldenkirchen, einen deutschen Nachbarort von Venlo, hat Leo Peters vier Bevölkerungslisten aus dem 15. bis 17. Jahrhundert ediert. Sie decken einen Zeitraum von knapp zweihundert Jahren ab: 1473/1475 – 1571 – 1624/1626 – 1666. Eine ganze Reihe der Zunamen lässt sich in der ein oder anderen Weise auf den Rufnamen *Johannes* (*Johann*) bzw. auf eine davon abgeleitete Variante zurückführen. An Rufnamen selbst kamen in Kaldenkirchen vor:

1473/1475: *Johan* (3 Personen), *Jen* (1), *Jenken* (7), *Jennis* (2), *Jennisken* (5)
1571: *Johann* vorherrschend, *Jan* (1)
1624/1626: *Johan* zahlreich, *Jan* zahlreich, *Jenneken* (1), *Jentgen* (2)
1666: *Johannes* (1), *Jahn* vorherrschend

Johan(n) fehlt also 1666, ist bis 1624/1626 aber gut belegt, ohne dass ein dazu passender Beiname irgendwann auftauchte. *Jan* (oder *Jahn*) kommt, mit der Ausnahme 1473/1475, stets vor. Auf der jüngsten, von *Jahn* dominierten Liste fehlen alle früher genannten Kurzformen.

Die Beinamen: Klammert man einmal die mit *H* anlautenden Namenformen aus, die sich an *Hennes* anschließen (siehe 1578), sind es im Einzelnen:

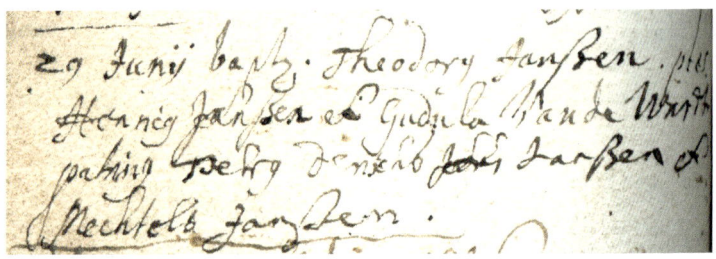

Abb. 8 *Janßen* mit *ß*: Taufbucheintrag vom 29. Juni 1684 aus Warbeyen. Der Täufling hieß *Theodor[us] Janßen*, Sohn von *Henric[us] Janßen* und *Gudula Van de Werdt*. Drei Paten bzw. Patinnen werden genannt: *Petr[us] Dericks, Jo[hann]es Janßen* und *Mechtelt Janßen*.

1473/1475: (Fehlanzeige)
1571: *Her(r) Janß* (2), *Jennen* (2) *Jenniß* (2)
1624/1626: *her Janß* (1), *Jennen* (1), *Jentgens* (1), *Jennißen* (1)
1666: *Janßen* (5)

Im Jahre 1666 taucht in Kaldenkirchen also erstmals der Beiname *Janßen* auf, einer der Namensträger war *Erken Janßen*.

Heute ist *Jansen* hier ein überaus häufiger Familienname. Der Ort ist mittlerweile ein Stadtteil von Nettetal; legt man die Nettetaler Telefonbucheinträge (von 2004/2005) zugrunde, übertrifft *Jansen* (in den Varianten *Jansen, Janßen, Janssen* und – selten – *Janhsen*) die Namen *Jans/Jan(t)z/Jahn* (zusammengenommen) um das Neunfache. Und betrachtet man die Familiennamen *Janissen/Janißen*, *Jenissen*, *Jennen* und *Jentgens* einmal als eine Gruppe, dann macht diese nur etwa ein Dreizehntel der Menschen namens *Jansen* (einschließlich der Varianten) aus. *Jansen* hat alle überflügelt.

Dafür kommt wohl nur eine Erklärung infrage: Der Name *Jansen* (1666: *Janßen*) wurde von immer mehr Menschen getragen, deren Eltern noch anders hießen. Andere, sich auf lokaler Ebene anbietende Beinamen wie *Jenissen* (*Jenißen*) oder *Jans* (*Janß*) hatten dagegen keine Chance.

Janssen muss im 17. Jahrhundert ein Modename gewesen sein, der davon profitierte, dass die Erblichkeit der Beinamen noch lange nicht allgemein durchgesetzt war. Aus der Sicht der Menschen in

Venlo (siehe 1637), in Heinsberg (siehe 1666 I) oder in Kaldenkirchen handelte es sich bei *Janssen* um einen „niederländisch" klingenden Namen, den man vielleicht von Nimwegen oder Kleve her kannte.

Im 17. Jahrhundert ließ sich der Niederrhein, geht man von den Dialekten aus, von „Holland" stark beeinflussen. Die Niederlande (die Generalstaaten) erlebten in dieser Zeit ihr „Goldenes Zeitalter" (gouden eeuw). Die Sprachgeographen Jan Goossens und Theodor Frings haben die sprachlichen Nord-Süd-Strömungen im Gebiet an Niederrhein und Maas auf zahlreichen Karten dokumentiert. Und bei den Namen, so kann man ergänzen, muss es Parallelen gegeben haben. So wurden hier auch die niederländischen Varianten *Hendric* (Vorname) und *Hendrix* (Beiname) mit ihrem Zusatz-*d* übernommen. Noch im Kölschen nannte man einen *Heinrich*: *Drickes*, und *Drickes* geht auf *Hen-dricus* zurück. Das so genannte „Drickestum" hat sogar einmal eine besondere Rolle für die lokale Identität Kölns gespielt. Der im Rheinland vorkommende Familienname *Heindrichs* mit seinem auffälligen Mittelbuchstaben dürfte ebenfalls dieser niederländischen Strömung zu verdanken sein.

> *Jan Baserull*
> *Baserull* oder *Baselun* wurde früher einmal der Arbeitskittel aus blauem Leinen genannt. In Kleve oder Geldern war es eher der *Baserull*, in Wesel oder Duisburg *Baselun*. Getragen wurde der Kittel von Handwerkern und Bauern, also vom einfachen Volk, heute würden wir sagen: von Otto Normalverbraucher. Und den nannte man seinerzeit *Jan Baselun* oder *Jan Baserull*.

Auf der von Rita Heuser und Damaris Nübling gezeichneten Karte (siehe 1666 I) ist *Janssen* als Name zu erkennen, der sich am Niederrhein und im Rheinland an die Staatsgrenze zu den Niederlanden anlehnt. Jenseits dieser Grenze liegt heute die Provinz Limburg mit Städten wie Venlo, Roermond, Kerkrade oder Maastricht (siehe 1439), während hier im 17. und 18. Jahrhundert ein territorialer „Flickenteppich" zu finden war (siehe 1511).

Heute leben dort recht viele Menschen namens *Janssen* oder *Jansen*. Zumindest für das mittlere Drittel Limburgs, für den Raum um Venlo und Roermond, darf man *Janssen* als aus dem Norden übernommenen Modenamen ansehen. Und ob der Süden, also Kerkrade oder Maastricht auf niederländischer Seite sowie Aachen und die Eifel, eine eigene, im Mittelalter gründende *Janssen*-Tradition hat, mit der sich die heutige Verbreitung des Namens erklären ließe, müsste erst noch untersucht werden.

Der Sprachwissenschaftler Jozef van Loon hat vor dreißig Jahren ein ganz ähnliches Phänomen beschrieben. Im Gebiet der heutigen belgischen Provinzen Antwerpen und Brabant sowie in Nord-Brabant (gehört zu den Niederlanden) lässt sich im Spätmittelalter der Beiname *Jans* überall beobachten. Ab dem 16. Jahrhundert tritt dort dann *Janssen* bzw. *Janssens* massiv in Erscheinung und stellt die regional verankerte Variante *Jans* völlig in den Schatten. Jozef van Loon spricht hier von einem regelrechten „Janssen(s)-Paradox". Seine Erklärung: Der Name *Janssen(s)* müsse aus dem Norden (wo er beheimatet war) durch Migranten mitgebracht worden sein. Dabei muss van Loon allerdings einräumen, dass die Geschichtsschreibung eigentlich nur den umgekehrten Fall hat beobachten können: Die Auswanderung von protestantischen Glaubensflüchtlingen aus dem spanisch regierten Süden in die nördlichen Niederlande. Es müsse aber, so van Loons Folgerung, wohl auch eine wahre Völkerwanderung vom aufständischen, protestantisch geprägten Norden (wo der Name *Janssen* bereits gebräuchlich war) in den katholischen Süden stattgefunden haben.

Meine Erklärung für die nachmittelalterliche Ausbreitung des Namens *Janssen* an Niederrhein und Maas hat also einen ganz anderen Ansatzpunkt. Sie fußt darauf, dass hier im 16. und 17. Jahrhundert die Erblichkeit der Beinamen noch lange nicht Allgemeingut geworden war. Auch wer weder einen Vater noch eine Mutter namens *Janssen* vorzuweisen hatte, konnte selbst durchaus *Janssen* heißen. Wichtig war nur, dass sein Vater auf den Rufnamen *Jan* hörte. Aber solche Männer gab es in Hülle und Fülle. In den folgenden Kapiteln wird es nun darum gehen, weitere Hinweise für diese Vervielfachung des Namens zu finden.

Ein Nachtrag noch zu Kaldenkirchen: Für das Jahr 1712 liegt eine Firmungsliste vor, auf der *Janssen* als Familienname oder als Geburtsname der hier aufgeführten Ehefrauen 17mal auftaucht. Zweimal wird er *Jansen* geschrieben, in der Regel *Janßen*. Für die Familiennamen *Jennis*, *Janß* und *Jans* gibt es dagegen nur noch je einen Treffer.

Der Janssenhof (1675)

Die ältesten uns bekannten Höfe im Raum Kerken verdanken ihre Ersterwähnung der gelderländischen Steueraufstellung des Jahres 1369. Die damaligen Steuerzahler trugen Namen, die in späteren Jahrhunderten als Hofnamen weiter verwendet wurden. Stellt man dieser ältesten Steuerliste die Namen der Hofbewohner im Jahre 1675 und die um 1990 noch bekannten Hofnamen gegenüber, stechen Kontinuitätslinien ins Auge. Hier einige Beispiele:

1369	1675	1990
Ackerman	*Ackermans*	*Ackermanshof*
Brugman	*Gurdt Brugger*	*Brüggerhof*
Buecman	*Gurdt Bux*	*Buyxhof*
Eycman	*Jan Eyckmans*	*Eyckmanshof*
Maes	*Peter Maes*	*Maeshof*
Nyenhuis	*Jan Neijus*	*Neihuyshof*

Karl Dicks, Ernst Geenen und Wilhelm Sommer haben die Hof- und Bauernnamen vergleichend ausgewertet. Natürlich kamen im Kerkener Raum auch Fälle von Namenwechsel vor. Auch dafür ein paar Beispiele:

1369	1675	1990
Peter ter Bruggen	*Herman te Bruggen*	*Sibbenhof*
Nyeman	*Nymanns hoff*	*Kölschenhof*
Henken Tys	*Geurt Grouwels*	*Grauelshof*

Wer den Hof an den Buchen bewirtschaftete, konnte also *Buecman* gerufen werden, später auch *Bux* oder *Buyx*. Wer an der Brücke wohnte, wurde im 14. Jahrhundert *Brugman* oder *ter Bruggen* genannt; später hießen die Bauersleute vielleicht *Brugger* oder *Brügger*.

Und *Janssen*? Viele der Steuerzahler des Jahres 1369 tauchen nur mit einem einzigen Namen auf: *Ackerman, Maes, Nyeman* usw. Wenn der Schreiber einen Zweitnamen notierte, dann niemals einen Sohn-Namen. *Janssoen* (oder Varianten) kam also nicht vor. Den 130 Einträgen des 14. Jahrhunderts lassen sich 1675 genau 115 Hofbewohner bzw. Höfe zuordnen. Und obwohl jetzt zahlreiche Männer den Rufnamen *Jan* trugen, kam ein davon abgeleiteter Zuname nicht vor. Ein Bauer *Janssen* war nicht in Sicht.

Nun liegen die damals zum Amt Geldern gehörenden Orte Nieukerk, Aldekerk oder Winternam (Raum Kerken) in jenem Teil des Niederrheins, in dem Sohn-Namen keine Dynamik entfalten konnten (siehe 1489). Ein anderes Ergebnis für die Bauernnamen war gar nicht zu erwarten. Dann kommt noch etwas hinzu: Am Niederrhein – wo genau und wo nicht, müsste allerdings erst noch geklärt werden – wurden Bauernfamilien über Jahrhunderte nach ihrem Hof benannt. Wer beispielsweise auf dem *Eyckmanshof* „einheiratete", wurde dann auch *Eyckmans* genannt, ganz gleich, welchen Beinamen er vorher auch immer getragen hatte. Der Hofname „schlug" also den Zunamen.

Im Jahre 1666 war im Amt Sonsbeck ein Verzeichnis dienstpflichtiger Höfe erstellt worden. Michael Knieriem hat dieses Schriftstück in einem Berliner Archiv gefunden und abgeschrieben. Erwähnt werden darin zwar nicht alle, aber doch wohl der größte Teil der damals bewirtschafteten Höfe und Katen. Es waren die, die „Herrendienste" zu leisten hatten, von denen der brandenburgische Fiskus also etwas zu bekommen hatte. Ein *Janssenhof* taucht freilich wieder einmal nicht auf.

Jan, einfach Jan
„Jan, einfach Jan", sät den Bur, als hä sin Kenk döpe leet. „Hä soll maar ochter de Plooch joan!" Jan als gewöhnlicher Name, als Bauername: ,'Jan, einfach Jan', sagt(e) der Bauer, als er sein Kind taufen ließ. ,Er soll nur hinter dem Pflug gehen!'" Diese Charakterisierung kennt man im Dialekt von Hinsbeck.

Bei einigen Hofnamen in Sonsbeck liegt die Vermutung nahe, dass sie auf den (Bei-)Namen eines Bauern zurückgehen könnten, dass also der Hof nach dem Bauern benannt worden wäre. Das könnte beim *Lemmenhof* oder beim *Stevenshof* der Fall gewesen sein: *Lemmen* und *Stevens* sind ja bestens bekannte Familiennamen am Niederrhein. Doch auch hier ist wieder Vorsicht geboten. Ein anderer Bauernhof begegnet 1666 als *Ottenhof*. Im ältesten Verzeichnis der Sonsbecker Höfe, im so genannten Klever Urbar aus dem Jahr 1369, taucht der *Ottenhof* bereits als *Otten huys* auf, wörtlich übersetzt „Ottenhaus". Dabei muss *Otten* aber zum Rufnamen *Otto* (oder *Ott, Otte*) gehört haben, *Otten huys* war demnach „Ottos Haus"; nach dem am Niederrhein heute nicht seltenen Familiennamen *Otten* war der Hof also nicht benannt worden. Jeder Hofname hat seine individuelle Geschichte.

Natürlich gibt es heute so manchen Landwirt am Niederrhein, der den Namen *Janssen* trägt (siehe S. 84). Aber *Janssen* gehört – auf jeden Fall im Raum Sonsbeck-Kerken – zu einer jüngeren Schicht von Bauernnamen. Wo ein landwirtschaftlicher Betrieb dann doch als *Janssenhof* bekannt sein sollte, wird der entweder nicht „uralt" oder im Laufe der Jahrhunderte umbenannt worden sein.

Johann Süßelbeeck (1678)

Am 3. Dezember 1678 mussten die Männer Hiesfelds zur Musterung antreten. Wie die ganze Umgebung gehörte das Dorf Hiesfeld (heute ein Stadtteil Dinslakens) damals zum Herzogtum Kleve. 1678 – das war die Zeit, als die Armee Ludwigs XIV. den Niederrhein bedrohte, so dass die klevische Regierung die Mobilmachung befahl. Dank dieser Musterung verfügen wir über eine 106 Personen umfassende Liste der männlichen (wehrfähigen) Bevölkerung des Kirchspiels Hiesfeld; bei einem der Männer (*Rütger der Schäfer*) fehlte ein Beiname. Transkribiert und veröffentlicht wurde die Liste von Karl Lange.

Als häufigster Einzelname kommt *Süßelbeeck* vor (fünfmal, davon einmal *Süßelbeck* geschrieben). Es waren dies *Henrich, Herman, Jasper, Johann* und *Willem S*. Ihr Beiname leitet sich von einem

Bach her, der heute Tüsselbeck heißt. Sieht man auf die Bildungsweise der Hiesfelder Namen, dann waren die von insgesamt 29 Personen getragenen *mann*-Namen zu der Zeit am beliebtesten; Beispiele wären *Furthman, Hülseman, Lantermann, Müllemann, Püttman* oder *Schürrman*.

Für Hiesfeld scheint hinsichtlich der *Janssen*-Frage – durchaus nicht überraschend – ähnliches zu gelten wie für Wesel (siehe 1568). In Nachbarorten wie Dinslaken, Hünxe oder Voerde sah es vermutlich auch nicht völlig anders aus: Der Name *Janssen* war hier, im rechtsrheinischen Raum zwischen Lippe und Ruhr, alles andere als ein Modename. Typisch für dieses Gebiet scheinen eher Wohnstättennamen gewesen zu sein. Dazu gehören neben *Süßelbeeck* oder den *mann*-Namen auch die *hoff*- oder *kamp*-Namen (*Kalthoff, Bremmekamp* usw.).

Genau 42 Jahre älter als die Musterungsrolle ist ein Verzeichnis der Hausvorstände lutherischen Glaubens in Hiesfeld. Dieser *Catalogus aller des Kirspels Hießfeldt angehörigen Nachbaren an der Kirche daselbst* enthält keinerlei Überraschungen. Auch hier fehlen die *Janssens*. Interessant ist der Vergleich der Namenvarianten. So begegnet 1636 etwa ein *Peter von Süselbeck*. Er wird der Vater oder Großvater des einen oder anderen *Süßelbeeck* aus dem Jahre 1678 gewesen sein.

Die Familiennamen *Süselbeck* und *Süsselbeck* (seltener *Süßelbeck*) konzentrieren sich innerhalb Deutschlands heute, legt man die Einträge im Telefonbuch zugrunde, im rechtsrheinischen Kreis Wesel und im benachbarten Duisburg. Eine ganze Reihe der Namensträger und -trägerinnen findet man im Ortsnetz Dinslaken – auch wenn sie hier inzwischen doch von den Menschen namens *Jansen, Janssen* oder *Janßen* rein zahlenmäßig überrundet worden sind.

König Hendrick Janssen (1681)

Im Jahre 1592 wurde in Goch die St. Georgius-Gilde gegründet. Der erste uns namentlich bekannte König dieser Schützengilde hieß *Wilhelm Gudden*: Er schoss 1647 den Vogel ab.

Die Königsliste ist dann bis 1676 vollständig erhalten, zwischen 1677 und 1680 tut sich eine Überlieferungslücke auf. Der Name des nächsten Königs (1681) lautete *Hendrick Janssen*. Genau 20 Jahre später war mit *Gisberth Janssen* wieder ein *Janssen* an der Reihe.

Weitere (unterschiedlich geschriebene) Träger dieses Namens errangen die Königsehre in den Jahren 1753, 1782, 1783/1784, 1785, 1818, 1838, 1842, 1869, 1875, 1889, 1905, 1933, 1949, 1952 und 1961. Als die Gilde im Rahmen ihres 400jährigen Bestehens 1992 eine Chronik publizierte, wurde auch eine Liste aller namentlich bekannten Könige zusammengestellt. Zwischen 1962 und 1991 war, wie dort nachzulesen ist, kein *Janssen* mehr König. Man könnte aber fast darauf wetten, dass seitdem wieder einem Gocher *Janssen* (mit welcher Schreibung auch immer) die Königswürde zuteil geworden ist.

Zweimal schrieb sich ein Gocher König *Jansßen*. In den Verschriftungen, wie sie in der 1992 publizierten Chronik gewählt wurden, taucht als Königsname wiederholt *Janhsen* auf, auch *Janshen* ist dort zu lesen. Tatsächlich dürfte auf den Plaketten des Königssilbers meistens doch *Janssen* gestanden haben, allerdings mit einem langen und einem runden *s*, wie es damals üblich war. Auch wenn für 1764 ein *Peter Thijhsen* als König aufgeführt wird, dürfte sich dahinter wohl ein *Peter Thijssen*, vielleicht auch ein *Peter Thijßen*, verbergen; die Schreibung des alten Doppel-*s* hat es in sich (siehe S. 69).

Agnes Janssen (1695)

Wenn die kleine *Agnes Janssen* noch am Tag ihrer Geburt getauft worden sein sollte, dann wurde sie am 25. Mai 1695 geboren. Für diesen Tag findet sich ihr Eintrag im Taufbuch der Predigtherren in Nimwegen. Ihre Eltern waren *Lucas Janssen* und *Theodora Costermans*. *Janssen* war also der Familienname, der vom Vater auf das Kind überging. Wer die Register der Nimweger Kirchenbücher aus der Zeit um 1700 durchsieht, wird feststellen, dass Zunamen damals erblich geworden waren.

Auf der Homepage des Meertens Instituut sind Zahlen für die Häufigkeit der einzelnen Familiennamen in den Niederlanden zu finden. Gibt man *Janssen* ein, bekommt man die Information, dass im Stichjahr 2007 in keiner Kommune des Landes mehr Menschen namens *Janssen* lebten als in Nimwegen: Sage und schreibe 2104 *Janssen* wurden gezählt (ohne *Jansen*!). Denkbar ist, dass einige dieser Nimweger und Nimwegerinnen Nachfahren unseres *Lucas Janssen* und seiner Frau *Theodora Costermans* sind.

In den Nimweger Kirchenbuchregistern stößt man aber auch immer wieder auf den Namen *Janssen* in anderer Funktion. Als 1693 ein Sohn von *Joannes Gerits* getauft wird, wird er als *Cornelius Janssen Gerits* eingetragen. Der kleine Junge bekam also den Familiennamen *Gerits* und als zusätzlichen Mittelnamen *Janssen*, wodurch er sich als Kind des *Jan* zu erkennen geben sollte. Dasselbe Verfahren taucht immer wieder auf, drei Beispiele:

Täufling: *Henrica Janssen Hendrickx*, Vater: *Jan Hendrickx* (1703)
Täufling: *Cornelia Gerresen Janssen*, Vater: *Gerret Janssen* (1689)
Täufling: *Abraham Hendrickx Janssen*, Vater: *Hendricus Janssen* (1687)

In der Kombination von Mittelname und Familienname wurde also das alte Muster des Vatersnamens (als Mittelname) mit dem Prinzip der Namenerblichkeit (Zuname) verknüpft. Die Chancen für *Janssen* potenzierten sich damit.

Für die These dieses Buches, dass *Janssen* ein Modename des 16. und 17. Jahrhunderts war, spricht wohl auch der Taufeintrag des am 8. September 1705 geborenen *Henricus Janssen Hendricx*. Der Vater des Jungen trug den Zunamen *Hendricx* und den Vornamen *Theodorus*. In diesem Falle wäre der Mittelname *Janssen*, den *Henricus Hendricx* mit auf seinen Lebensweg nahm, also reines Schmuckwerk. Der Täufling verdankte diesen zusätzlichen Namen auch nicht der Familie seiner Mutter, sie hieß *Maria Poortmans*. Von seinem Taufpaten *Henricus Poortmans* erhielt der Junge allerdings den Vornamen.

Mittelnamen wie *Janssen*, *Gerresen* oder *Hendrickx* bezogen sich offensichtlich auf den jeweils eigenen Vater, so wie man es ja auch aus Russland kennt, wo Männer etwa *Fjodor Michailowitsch Dostojewski* oder *Alexander Sergejewitsch Puschkin* heißen. Die Praxis der Mittelnamenvergabe im Rhein-Maas-Gebiet verschwand auf

Abb. 9   Regionale Familiennamen in hoher Dosierung: Fotomontage aus der NRZ.

die Dauer wieder, heute trifft man nur noch selten auf Überreste dieser Zeiterscheinung. Noch einmal ein Beispiel aus Nimwegen: Vom 29. 11. 1718 datiert der Taufbucheintrag für *Stephanus Smidts*. Dessen Vater war *Gualterus Janssen Smidts*.

Als *Arnoldus Janssen* und die Witwe *Maria Geerts* 1696 in Nimwegen den Bund fürs Leben eingingen, wurden als Herkunftsorte der beiden Hochzeiter Weust bzw. Mook notiert. Ob die Eltern der Brautleute bei der Feier anwesend waren, wissen wir nicht; über ihre Namen sind wir allerdings informiert, weil sie der Augustiner, der die Trauung vollzog, im Kirchenbuch festhielt. Vater und Mutter des Bräutigams hießen demnach *Joannes Gijsberts* und *Gertrudis*

Ruevers, die Eltern der Braut *Gerardus Reijnders* und *Joanna Reijne*. In beiden Fällen leiteten sich also die Zunamen der Hochzeiter vom Rufnamen des jeweiligen Vaters ab: *Janssen* < *Jan/Joannes*, *Geerts* < *Geert/Gerardus*. Der Name *Janssen* konnte noch immer, gleichsam aus heiterem Himmel, zum Familiennamen werden.

Christina Janssen (1697)

Christina wird am 4. März 1697 in Kessel an der Maas getauft. Niederrheiner und Niederrheinerinnen kennen vielleicht das andere Kessel, das an der Niers; das gleichnamige, südlich von Venlo an der Maas gelegene Dorf gehört heute zum Königreich der Niederlande (siehe 1439). Als 1815 nach der Niederlage Napoleons auf dem Wiener Kongress neue Grenzen gezogen wurden, fiel das linke Maasufer und ein Streifen rechts des Flusses an den niederländischen König. Sein Reich sollte im Osten gut zu verteidigen sein, und so wurde rechts der Maas als Staatsgrenze zwischen den Niederlanden und Preußen eine Linie gezogen, die einen Abstand von einem Kanonenschuss zum Fluss hielt. Kessel, das im 18. Jahrhundert noch ein preußisches Dorf gewesen war, sollte im Falle des Falles von keiner Kanone aus östlicher Richtung beschossen werden können.

Als die kleine *Christina* im März 1697 das Licht der Welt erblickte, sah die politische Landkarte noch ganz anders aus (siehe 1511). Kessel gehörte, ebenso wie die benachbarten Städte Venlo und Roermond oder wie auch Geldern und Kevelaer, zum Oberquartier des Herzogtums Geldern, das wiederum ein Teil der südlichen (spanischen) Niederlande war. Als sie im April 1727 in ihrem Heimatort vor den Traualter trat, war *Christina* Untertanin des Königs in Preußen, des früheren Kurfürsten von Brandenburg. Während ihrer Kinderzeit war der spanische Erbfolgekrieg ausgefochten worden, der 1713 mit dem Vertrag von Utrecht endete und neben vielen anderen Veränderungen auch die Teilung des Oberquartiers zur Folge hatte. Dabei fielen Roermond an Österreich und Venlo an die Generalstaaten (die Niederlande), während Brandenburg-Preußen – rein geographisch – den größten Batzen abbekam mit Kevelaer, Geldern, Straelen, Viersen – und dem Maasdörfchen Kessel, *Christina Janssens* Heimatort.

Ob sie wirklich *Janssen* hieß, ist allerdings noch die Frage. Der Pastor von Kessel trug sie jedenfalls unter diesem Namen in das Taufbuch ein: *Christina Janssen*. Bei ihrer zwei Jahre älteren Schwester *Joanna* hatte er als Nachnamen noch *Martini* vermerkt. Die beiden Mädchen waren die Töchter von *Petrus Martens* und seiner Frau *Martina*, die eine geborene *Jans* oder *Janssen* war. Den Namen *Janssen* hatte das Baby erhalten, weil ihr Vater auch *Janssen* (oder auch *Janssen alias Krebbers*) genannt wurde. Eine verzwickte Namensgeschichte.

Wir kennen diese Geschichte, weil sie in einem Familienbuch dokumentiert ist, in der „Genealogie Mertens". Das Buch umfasst genau 200 Seiten und wurde 1985 in einer Auflage von 500 Exemplaren gedruckt. Es handelt sich dabei um eine Auftragsarbeit: Zwei Genealogen, Edm. M. A. H. Delhougne und A. J. M. Sollet, haben es für eine (weit verzweigte) Familie *Mertens* zusammengestellt, die sich auf jenen *Petrus Martens* aus Kessel zurückführen lässt. Die beiden Bearbeiter müssen monatelang in Archiven gesessen haben, um all die Daten zu ermitteln, die sie in ihrem Buch zusammengetragen haben. Es ist mit all seinen Verästelungen und historischen Details ein Paradebeispiel genealogischer Akribie und Fleißarbeit – und damit ein „gefundenes Fressen" für die historische Namenforschung.

Das Buch reicht zurück bis in die Generationen der Eltern und Großeltern von *Petrus Martens*. Sein Großvater *Willem Martens* dürfte um 1590 geboren worden sein, er war, wie man am Niederrhein sagen würde, ein „dicker Bauer". Er taucht in zahlreichen Archivstücken auf und trägt dann auch den Namen *Krebbers* (bzw. *Crebbers*). Sein Sohn *Joannes* begegnet ebenfalls unter den Namen *Martens* und *Krebbers*, er wird auch *den Krebber* genannt. Auch dessen Sohn *Petrus* ist als *Martens* und daneben als *Krebbers* bekannt, er heißt allerdings auch, anschließend an den Vornamen seines Vaters, *Janssen*: *Petrus Janssen* ist *Petrus*, der Sohn von *Joannes* bzw. *Jan*. Dieser *Petrus*, 1667 in Kessel getauft, sollte nicht besonders alt werden: Er starb bereits 1714. Er hatte mit seiner Frau drei Töchter und einen Sohn, der wie der Großvater *Joannes* hieß. Als Nachname dieses jüngeren *Joannes* scheint dann nur noch *Martens* gebräuchlich gewesen zu sein, als *Joannes Janssen* tritt er offensichtlich nicht in Erscheinung.

Jan minne Mann...
In einer Zeit, als alle noch Platt sprachen, wurden am Niederrhein gern Scherzverse zitiert, die mit *Jan, minne Mann* begannen. Und damals hießen viele Ehemänner ja tatsächlich noch *Jan*. Eines dieser Kurzgedichte aus dem Raum Kleve lautete: *Jan, minne Mann woll Kersse plöcke, / fiel van den Boom tot düsend Stöcke*: „Jan, mein Mann, wollte Kirschen pflücken, fiel vom Baum in tausend Stücke." Nach dem Sinn solcher Verse sollte man nicht allzu lange fragen, hier geht es um den Spaß am Reimen. *Jan, minne Mann* ist dann schon mal ein guter Auftakt.

Wer sich für seine Vorfahren interessiert und familienkundliche Nachforschungen anstellt, ist, wenn er sich über das 19. Jahrhundert und die seitdem zur Verfügung stehenden Standesamtsunterlagen hinaus weiter vortastet, im Normalfall vor allem auf Kirchenbücher angewiesen. Der „Normalfall" tritt ein, wenn die Voreltern Tagelöhner und Handwerker, Bauern und Bäuerinnen gewesen sind, wenn sie also kein eigenes Familienarchiv hinterlassen haben und auch sonst in der schriftlichen Überlieferung nicht in Erscheinung getreten sind. Im Falle der Familie *Martens* (die später dann *Mertens* genannt werden sollte) waren die Voraussetzungen außergewöhnlich günstig. Da gab es einmal besonders weit zurückreichende Kirchenbücher, über die sich sogar Personen ermitteln ließen, die – wie *Willem Martens alias Crebbers* – noch im 16. Jahrhundert geboren worden sind. Anderswo setzt diese Überlieferung erst später ein. Und dann tauchen dieselben Personen auch noch in Steuerrechnungen und Prozessakten auf, so dass die Familienforschung hier nicht nur auf jene dürren Tauf-, Heirats- und Sterbedaten zugreifen musste, mit denen Genealogen sonst oft vorlieb nehmen müssen.

Doch zurück zu *Christina Janssen*, der Tochter von *Joannes Martens* mit den drei Nachnamen. Im Taufbuch von Kessel ist außer ihrer Schwester *Joanna Martini* und ihr noch eine weitere Schwester eingetragen: eine *Wilhelma* mit dem Nachnamen *Joannis*. Bei *Joannis* handelt es sich um den lateinischen Genitiv von *Joannes* (siehe 1638); eine Parallele bietet sich bei *Martini*, dem Genitiv der latinisierten Form *Martinus*. Der Pastor von Kessel hatte offenbar ein Faible für lateinische Namenformen (siehe 1638).

Johann Jansen (1772)

Über die Staatsgrenze hinweg wurde auch dazumal schon geheiratet. Nur dass vor 230 Jahren die niederländisch-deutsche Grenze einen ganz anderen Verlauf hatte als heute. Ein Beispiel: Gennep (heute niederländisch) gehörte im 18. Jahrhundert ebenso zum preußischen Herzogtum Kleve wie etwa die beiden Nachbarstädte Goch und Kleve oder wie Rees und Wesel im Rechtsrheinischen (siehe 1511). Wenn also eine junge Gocherin einen Genneper zum Mann nahm, kam keine Grenze ins Spiel. Sprachlich war man sich sowieso einig; denn die Dialekte beider Brautleute waren eng verwandt.

Am 21. 12. 1772 ehelichte der Müller *Johann Jansen* die aus Goch stammende *Maria Cornelia Catharina Boes*. Die Braut war zum Zeitpunkt der Eheschließung 26 Jahre alt, der Bräutigam 13 Jahre älter. Drei Familienforscher haben diese Ehe dokumentiert, als sie sich auf die Suche nach den Ahnen von *Hubert Jansen* begeben haben, einem 1892 geborenen Kevelaerer. *Hubert* war, wie sich herausstellen sollte, der Ururenkel des Gocher Ehepaares *Jansen-Boes*.

Deren Sohn *Jean Matje*, übrigens ebenfalls ein Müller, hatte 1811 in Goch die in Uedem geborene *Johanna Mechthildis Henrichs* geheiratet. Die nächste Hochzeit fand 1849 wiederum in Goch statt, als *Johann Anton Hubert Jansen* und *Franziska Engelberts*, auch sie hier geboren, den Bund fürs Leben schlossen. Ihr Sohn *Edmund*, verheiratet mit *Maria Berend* aus Wissen, verließ dann Goch; *Hubert*, das gemeinsame Kind dieser Eheleute, wurde in Kevelaer geboren und heiratete dort 1923 die Kevelaererin *Franziska Forstreuter*.

Johann Jansen, der Stammvater all dieser (und vermutlich vieler anderer) *Jansens* am Niederrhein, kam, wie die Familienforscher herausgefunden haben, aus Bree. In der von ihnen zusammengestellten Ahnentafel findet sich die Angabe „Bree/Belgien". Damit wird die Stadt gemeint sein, mit der das niederrheinische Geldern heute eine Städtepartnerschaft unterhält. Bree liegt in südwestlicher Richtung 84 Kilometer von Geldern und damit gut 110 Kilometer von Goch entfernt. Im Geburtsjahr von *Johann*

Jansen (1733) gehörte Bree zum Fürstbistum Lüttich. Die Gocher Eheleute *Jansen-Boes* stammten also aus verschiedenen Ländern. Der in Bree geborene Müller hat die zum Zeitpunkt seiner Heirat (1772) vermutlich bereits ansehnliche *Jansen*-Gemeinde in Goch noch einmal verstärkt.

Vielleicht lag *Johann Jansens* Geburtsort aber auch viel näher bei Goch, dann nämlich, wenn er aus Maasbree (in der Nähe Venlos) kam. Im 18. Jahrhundert wurde dieses Dorf noch Bree genannt. Bree/Maasbree gehörte damals wie Geldern oder Kevelaer zum preußischen Teil des Oberquartiers von Geldern. Auch in diesem Fall wäre über eine Grenze hinweg geheiratet worden, allerdings hätte es sich bei beiden Eheleuten, bei *Johann Jansen* wie bei *Maria Cornelia Catharina Boes*, um preußische Untertanen gehandelt.

> *wärme Jan*
> Der Namenstag von Johannes dem Täufer fällt auf den 24. Juni. Hochsommer ist dann noch nicht, aber es herrschen doch schon angenehm warme Temperaturen. Was lag näher, als den Täufer *wärme Jan* zu titulieren und ihn so vom *kalde Jan* zu unterscheiden. Der Namenstag des Evangelisten ist der 27. Dezember.

Die Heiratsmobilität, die sich hier über die verschiedenen Generationen der Familie *Jansen* verfolgen lässt, war für das 18. und 19. Jahrhundert typisch: Der Partner oder die Partnerin kamen zumeist aus dem eigenen Ort oder aus dessen Umgebung. Zwei Beispiele: In Geldern war im Jahr 1851 ein Großteil der Brautleute entweder am Ort geboren (47 Prozent) oder stammte aus der näheren oder weiteren Umgebung (35 Prozent). Für Kevelaer wurden für dasselbe Jahr 58 Prozent bzw. 28 Prozent ermittelt. Im 18. Jahrhundert waren die Familiennamen längst erblich geworden – von Ausnahmen, vielleicht am ehesten bei bäuerlichen Familien, einmal abgesehen. Deshalb erhielt den Namen *Jansen* oder *Janssen* nur, wer einen Vater (und bei nichtehelicher Geburt: wer eine Mutter) dieses Namens hatte. Und wer *Jansen* oder *Janssen* hieß, blieb – wie all die Menschen namens *Peters, Klaessen* oder *Verhülsdonk* – in aller Regel sein Leben lang in der Region. Bei der

Heirat zog er vielleicht zwei, drei Dörfer weiter, vielleicht suchte er sich auch eine Arbeitsstelle in der nächsten Stadt. Diese vergleichsweise geringe Mobilität erklärt, warum die *Jansens* bis heute ungleich häufiger am Niederrhein zu finden sind als in Westfalen oder im Bergischen Land.

Petronelle Janssen (1805)

Nach einem kurzen Intermezzo (1792/1793) eroberten die französischen Truppen im Jahre 1794 den linken Niederrhein endgültig. Damit begann die zwanzigjährige Franzosenzeit, die den Menschen auf dem linken Rheinufer tief greifende Veränderungen brachte. Nachdem Preußen schon 1795 im Vertrag von Basel auf seine Besitzungen westlich des Rheins verzichtet hatte, gehörte der Raum seit 1798 zu Frankreich, was unter anderem zur Folge hatte, dass hier auch der Code civil galt (und nach 1814 weiter gelten sollte!). Zu den Änderungen auf der Verwaltungsebene gehörte die Einführung kommunaler Standesämter. Wie jemand hieß, wurde ab sofort dort festgehalten.

Die in Walbeck am 1. Véndemiaire des Jahres 14 geborene *Petronelle* hieß *Janssen*. Ihr Vater war der Tagelöhner *Henrie Janssen*. In seiner Beurkundung verwendete der Walbecker Standesbeamte also die französische Variante des Vornamens, während der Kindsvater außerhalb der Behörde wohl *Hendrik* oder *Hen* geheißen haben dürfte. Den Namen *Janssen* schrieb der „Officier public de l'état civil" (der Zivilstandsbeamte) mit einem langen und einem runden *s* (siehe S. 62). Aus diesem Buchstabenmuster haben sich später ganz verschiedene Schreibungen des Namens *Janssen* entwickeln können (siehe S. 69).

In der Walbecker Beurkundung, die nach dem christlichen Kalender das Datum des 23. Septembers 1805 hätte enthalten müssen, begegnet als Zeuge *Jean Hursen* – so schrieb ihn jedenfalls der Standesbeamte. Seine eigenhändige Unterschrift lässt sich als *J: Heursen* entziffern. *Hursen* und *Heursen* sind Schreibvarianten eines niederrheinischen Familiennamens, der heute noch als *Heursen* vorkommt und wie *Geurts* oder *Fleuren* – nach den Regeln des Niederländischen – mit einem *ö* ausgesprochen wird.

Abb. 10 Die Walbecker Geburtsurkunde.

Die Familiennamen wurden also nicht französiert – während damals als Vornamen im behördlichen Schrifttum gern Varianten wie *Jean, Henrie* usw. auftauchten.

> *Schang* und *Schäng*
> In Aldekerk und Nieukerk hat man zahlreiche Dialektformen zum Vornamen *Johannes*: *Jan* und *Jahn,* ferner *Hannes, Häns* und *Hännes*, schließlich noch die französisch klingenden Varianten *Schang* und *Schäng*. Ob die aus der Franzosenzeit stammen?

Die Niederlande sind, nachdem 1806 zunächst ein Königreich Holland unter Louis Napoleon gegründet worden war, im Jahre 1810 ebenfalls Teil des französischen Kaiserreichs geworden. Damit kommt Napoleon ins Spiel, um den sich in der Folge so viele Mythen bilden sollten, in den Niederlanden ebenso wie in Deutschland. So glaubt so mancher Niederländer bis heute, dass sich erst unter Napoleon feste Familiennamen gebildet hätten. Tatsächlich war es so, dass man in den Jahren 1811/1812 Familiennamen auf dem Standesamt registrieren lassen konnte – was von einem (kleinen) Teil der Bevölkerung auch gemacht worden ist. Die Erblichkeit der Beinamen war zu diesem Zeitpunkt in den meisten niederländischen Familien allerdings längst Fakt. Wenn der Vater *Janssen* hieß, trugen auch seine Kinder diesen Namen.

Eva Janssen, geb. Iva Nathan (1808)

In Geldern, dem Nachbarort Walbecks, lebte 1805 *Iva Nathan*, die Ehefrau von *Leyser Liefmann*. Drei Jahre später hieß auch sie *Janssen*.

Im Jahre 1808 zwang ein Dekret Napoleons alle Juden, feste Vor- und Familiennamen anzunehmen. Die aus Neersen stammende und in Geldern lebende *Iva Nathan* entschied sich im Anschluss für den niederrheinischen Namen *Janssen*, gemeinsam mit ihrem Mann (ab jetzt *Leonhard J.*) und ihren vier Kindern. Ihr Zweitältester, *Leo*, sollte später eine Tochter namens *Caroline Janssen* haben, geboren 1843 in Krefeld, die 1871 wieder nach Geldern zog, um dort den aus Marienbaum stammenden Viehhändler *Aron Zadick* zu heiraten.

Familiennamen wie *Blumenthal, Morgenthau* oder *Rubinstein* gelten im deutschen Sprachraum als typisch jüdische Namen. Davon hebt sich *Janssen* maximal ab – es war zu Beginn des 19. Jahrhunderts ein am Niederrhein unauffälliger, landesüblicher Allerweltsname. Als in Preußen den Juden 1812 empfohlen wurde, regionale Namen anzunehmen, dann geschah dies, damit, wie Wilhelm von Humboldt es ausdrückte, „ungewiß bleibe, ob jemand Jude sey oder nicht". Das Gelderner Ehepaar *Leonhard* und *Eva Janssen* hatte also ganz im Sinne Humboldts gehandelt.

Johannes Janssen (1829)

Johannes Janssen, ein katholischer Priester und Historiker des 19. Jahrhunderts, zählt zu jenen Trägern des Namens, die bei Wikipedia einen eigenen Artikel erhalten haben. Der 1829 geborene *Johannes Janssen* stammte aus einem Ort im heutigen Kreis Wesel – aber aus welchem? Lassen Sie uns ein kleines Quiz machen:

Wie heißt der Geburtsort von *Johannes Janssen*?
a) Hünxe
b) Moers
c) Xanten

Hünxe (a) am rechten Niederrhein liegt wie Wesel (siehe 1568) oder Hiesfeld (siehe 1678) in einer Region, in der der Name *Janssen* in der frühen Neuzeit vergleichsweise selten vorkommt. Das Dorf Hünxe nimmt nach der Reformation den protestantischen Glauben an, bis zum Ende des Zweiten Weltkriegs leben hier nur relativ wenige Katholiken.

Moers (b) ist die alte Hauptstadt der Grafschaft (des späteren Fürstentums) Moers, die sich ebenfalls mehrheitlich zum Protestantismus bekannt hat. Die Einwohnerliste der Stadt Moers von 1818/1819 umfasst genau 1911 Personen, von denen nur etwa 17 Prozent Katholiken waren.

Xanten (c) gehörte wie Hünxe über Jahrhunderte zum Herzogtum Kleve. Die Einwohner der Stadt waren und sind allerdings überwiegend katholisch; der Xantener Dom steht insofern genau an der richtigen Stelle.

Antwort c ist richtig. Im Schatten des Domes ist auch der spätere Priester und Historiker *Johannes Janssen* aufgewachsen.

Im Stiftsarchiv Xanten, heute ein Teil des Stiftsmuseums, wird ein wahrer Schatz an alten Urkunden aufbewahrt. Dieter Kastner hat vor einigen Jahren die Regesten zu den Urkunden in mehreren Bänden ediert; dabei umfasst der Band II die Zeit von 1450 bis 1490. Sein Register nennt nicht weniger als 450 Beinamen, unter denen Einwohner und Einwohnerinnen der Stadt Xanten in den Urkunden auftreten. Zwischen *Isendoeren* und *Joekeren* trifft man dort auch auf *Jansen* und *Janssoen*.

Den Beinamen *Jansen* trägt ein namentlich in Erscheinung tretender Notar aus Xanten. Das *-sen* legt ja bereits die Vermutung nahe, dass der Namensträger erst nach 1490 gelebt haben könnte. So ist es denn auch. Vom Notar *Wilh. Jansen*, um den es hier geht, hat sich ein handschriftlicher Vermerk aus dem Jahre 1693 auf einer Urkunde des Jahres 1479 erhalten. Unter den oben genannten 450 Beinamen Xantens kommt demnach auch der ein oder andere aus späterer Zeit vor. Der Registereintrag *Janssoen* verweist auf den Xantener *Coppyn Janssoen*, der uns in Urkunden zwischen 1454 und 1475 begegnet. So gehört er zusammen mit seiner Frau *Beelken* zu den handelnden Personen in einer Schöffenurkunde, in der es um eine in der Xantener Rheinstraße gelegene und an die Häuser von *Bele Symons* und *Noildken inger Schueren* grenzende Hofstätte geht.

Janssoen – Jansen – Janssen: Der Familienname von *Johannes Janssen* scheint in Xanten auf eine lange Geschichte zurückblicken zu können. Dass die Domstadt am Niederrhein katholische Priester dieses Namens hervorbringen würde, dürfte im 19. Jahrhundert nicht überrascht haben.

Wilhelmina Jansen (1858)

Im Jahre 1858, also vor gut anderthalb Jahrhunderten, lebten in Wesel genau 83 Menschen namens *Jansen,* wobei sich die

Schreibvarianten mit einem bzw. zwei *s* etwa hälftig verteilten (43 *Jansen* – 40 *Janssen*). Gemessen an der Gesamteinwohnerschaft der Stadt (12045, ohne Feldmark) machten die *Jansens/Janssens* ungefähr 0,69 Prozent aus. Vor dem Hintergrund der örtlichen Namengeschichte (siehe 1467 und 1568) liegt die Vermutung nahe, dass es sich hier oft um Zugezogene oder deren Nachkommen handelte. Ihre Herkunftsorte werden vor allem am Niederrhein gelegen haben: „Nahmigration" lautet das Stichwort.

Etwa 55,4 Prozent der Einwohner Wesels waren damals katholisch, 43,1 Prozent protestantisch. Dem jüdischen Glauben hingen immerhin 1,5 Prozent (186 Personen) an, und ein einzelner Einwohner war mennonitisch. Die vollständige Bevölkerungsliste hat die Historische Vereinigung Wesel vor einigen Jahren publiziert. Unter den Trägern des Namens *Jansen/Janssen* machten die Protestanten nur ein knappes Drittel aus (27 Personen). Darunter war die 23jährige *Wilhelmina Jansen*, die gemeinsam mit ihrer Mutter, einer Witwe von 53 Jahren „Ohne Gewerbe", im Haus Nummer 463d wohnte.

Gemessen an der konfessionellen Gliederung Wesels gab es demnach überproportional viele katholische *Jansens* (oder *Janssens*). Dieser Befund steht in keinem Widerspruch zu der Annahme, dass Weselaner dieses Namens einen Migrationshintergrund (im kleinräumigen Maßstab) besaßen – im Gegenteil: Die geographischen *Janssen*-Domänen am Niederrhein waren ja katholisch geprägt. Insofern fügt sich das Ergebnis für die Stadt Wesel problemlos in die niederrheinische *Janssen*-Landschaft ein.

Die Janssenstraße

Eine nicht ganz ernst gemeinte Frage zu Beginn: Was ist der Unterschied zwischen dem *Jakobsweg* und der *Janssenstraße*? – Antwort: Der *Jakobsweg* zieht sich, obwohl es ja nur ein „Weg" ist.

Das deutsche Wort „Weg" hat viele Bedeutungen: Bezeichnet es einen Feld- oder Waldweg, dann ist damit eine nicht oder kaum befestigte Bahn zum Gehen gemeint. Beim *Jakobsweg* aber handelt es sich – wie beim „Lebensweg" – um eine zurückzulegende

Abb. 11　Das Schild der Arnold-Janssen-Straße wurde in Goch fotografiert.

Strecke, in diesem Fall ist es der aus niederrheinischer Sicht nicht gerade kurze Pilgerweg nach Santiago de Compostela.

Niederrheinische Kommunen wählen Namen wie *Schmitzweg* oder *Petersstraße*, wenn eine bestimmte Person geehrt werden soll: Das kann eine verdiente Bürgermeisterin sein, ein Held aus grauer Vorzeit, ein beliebter Geistlicher. Die Straße soll an ihn oder sie erinnern. Deshalb könnte es hier durchaus eine Straße namens *Jakobsweg* geben: Immerhin gehört *Jakobs* zu den regionaltypischen Familiennamen des Niederrheins.

Die *Janssenstraße* in Kleve-Rindern hält die Erinnerung an den hier geborenen *Heinrich Maria Janssen* (1907-1988) wach, einen früheren Bischof von Hildesheim. Auch anderswo in Deutschland gibt es mit *Janssen* gebildete Straßennamen – beispielsweise in Hildesheim, wo man mitten in der Stadt auf die *Bischof-Janssen-Straße* stößt. Es ist natürlich der gebürtige Rinderner, nach dem die Straße benannt wurde: Mit seinen Trägern geht der niederrheinische Name in die Welt. Eine *Pastor-Janßen-Straße* hat man in Wesel, die an einen hier im 20. Jahrhundert wirkenden katholischen Geistlichen erinnert. Ein Anruf beim dortigen Stadtarchiv ergab, dass *Joseph Edmund Janßen*, so der vollständige Name des Geistlichen, tatsächlich von der anderen Rheinseite stammte – aus Goch. Angesichts der Weseler Namengeschichte (siehe 1858) kann es nicht überraschen, wenn eine Straße dieses Namens, wie die *Bischof-Janssen-Straße* in Hildesheim, einem „Zugezogenen" gewidmet ist.

> **Jan Düvel**
> *Jan Düvel* oder *Jan-Düvel-Schlaat* nannte man früher den Endiviensalat: Wer nach einer Erklärung sucht, sollte beim Niederländischen beginnen: *andijvie* sagt man dort zur Endivie. Wenn man die Endivie dann scherzhaft *jandijvie* bzw., in anderer Schreibung, *Jan Dijvie* nennt, ist es nur noch ein kleiner Schritt zu *Jan Düvel*, „Jan Teufel". Mit dem Geschmack des Salats hat das wohl nichts zu tun.

Innerhalb Kleves gibt es übrigens neben der *Janssenstraße* (in Rindern) noch den *Pastor-Janßen-Weg* (in der Stadt). Wegen seiner Dreigliedrigkeit und der Kennzeichnung als „Weg" (im Gegensatz zu „Straße") dürfte er mit der Rinderner *Janssenstraße* kaum verwechselt werden. Dass sich die beiden Namengeber aber unterschiedlich schrieben, wird dem Fremden, wenn er in Kleve nach der richtigen Straße sucht, vielleicht gar nicht ins Auge fallen.

Janßen vor Gericht

Wie schreibt sich Janssen? Diese Frage gehörte und gehört am Niederrhein zum Alltag, im Jahre 2011 etwa dann, wenn Sie jemandem eine Mail schicken wollen. Wenn der Adressat *Janßen* heißt, wird aus dem *ß* in seiner Mailadresse wahrscheinlich ein doppeltes *s*. Aber schreibt er sich wirklich *Janßen*? Und wenn es doch nur ein einzelnes *s* war?

Janssen, Janßen, Janhsen und *Janshen* – diese vier Schreibformen sind ein und demselben Vorläufer zu verdanken. Auf der anderen Seite steht *Jansen*, die Variante, die mit ihrem einfachen *s* einen anderen, im doppelten Sinn „einfachen" Weg hinter sich hat.

In diesem Kapitel geht es um die komplizierte Vierergruppe. Die Varianten, die sich hier zeigen, kennt man von vielen anderen Familiennamen des Niederrheins: *Claßen, Cornelissen, Driessen, Maaßen, Theunissen, Thönnissen, Theißen, Thyssen* usw. Die sprachgeschichtliche Herleitung der Schreibproblematik gilt für sie alle.

Mit den Nachbarregionen in den Niederlanden, mit den Provinzen Gelderland und Limburg, teilt der Niederrhein seine regionalen Familiennamen. Allerdings fehlen dort die Varianten mit *ß*, *hs* und *sh* weitgehend. Im Falle des *ß* ist die Erklärung simpel: Im Niederländischen (wie in allen anderen Sprachen auf der Welt) gibt es diesen Buchstaben gar nicht. Nach *Janßen* oder *Maaßen* muss man jenseits der Staatsgrenze also erst gar nicht suchen, an deren Stelle findet man dort *Janssen* und *Maassen*. Dann bleiben noch *Janhsen* und *Janshen*: Sie haben sich erst zu einer Zeit gebildet, als man am Niederrhein die niederländische Sprache durch das Deutsche ersetzt hat.

Doch zunächst zur Varianz von *ss* und *ß* in *Janssen* und *Janßen* – oder in *Theunissen* und *Theunißen*. Die folgende Geschichte ist wahr und hat sich genau so zugetragen, nur der Name wurde hier geändert. Im Jahre 1983 benötigt ein junger Niederrheiner, nennen wir ihn *Gregor Theunissen*, eine Abstammungsurkunde. Der zuständige Standesbeamte will ihm nur eine ausstellen, in dem sein Familienname mit *ß* geschrieben wird. So aber hat sich in seiner Familie noch nie jemand geschrieben: *Theunißen* – wäre das überhaupt noch derselbe Name? Müsste man ihn dann nicht mit einem langen *i* aussprechen? Der junge Mann beantragt unter Hinweis auf einschlägige Gerichtsentscheide die Ausstellung einer Urkunde mit der Schreibung *ss*, der Beamte lehnt dies ab.

Parallel zum Schriftverkehr mit dem Standesamt wendet sich der Betroffene an die „Gesellschaft für deutsche Sprache e. V." (GfdS) in Wiesbaden. Für den Betrag von 64 DM erhält er eine gutachterliche Stellungnahme in dieser Sache. Beigefügt wird ein Auszug aus der Empfehlung, die die GfdS drei Jahre zuvor (1980) dem Bundesministerium des Inneren vorgelegt hat. Es ging darin um eine alte deutsche Buchstabenkombination und um die Frage, wann und wie in Familiennamen die Schreibvarianten *ss* bzw. *ß* anstelle dieser früheren Schreibung verwendet werden sollten (siehe S. 70).

> Grundsätzlich sind wir der Ansicht, daß für das veraltete
> Zeichen "ſs" in Familiennamen ß oder ss nach bestimmten
> Empfehlungen gesetzt werden sollten mit dem Bestreben, jeweils
> im Einverständnis mit den Beteiligten das "ſs" bei noch
> gebräuchlichen Familiennamen allmählich auszumerzen.
>
> Um die Unsicherheit bei diesem Problem einzuschränken,
> sollten für den Standesbeamten brauchbare Hinweise gegeben
> werden, welcher Nachfolgebuchstabe für das frühere "ſs"
> bei einzelnen Familiennamen zu verwenden ist – ob ß oder ss
> im Auslaut oder Inlaut.

Abb. 12   Aus der Empfehlung der „Gesellschaft für deutsche Sprache e. V."

Die alte Buchstabenkombination, deren Ersatz solche Probleme bereitet, besteht aus einem langen und einem runden (kurzen) *s*. Im Folgenden soll sie behelfsweise durch *Ss* dargestellt werden, obwohl das „lange" *s* natürlich kein Großbuchstabe, sondern eben ein in die Länge gezogener Kleinbuchstabe war. Während man im 19. und in den ersten Jahrzehnten des 20. Jahrhunderts in Deutschland die deutsche Schrift benutzte, schrieb man Eigennamen (auch in Unterschriften) gern mit lateinischen Buchstaben. Liest man einen handschriftlichen Text aus jener Zeit, fallen entsprechende Wechsel in der Schrift sofort ins Auge. Die Kombination *Ss* kam am Niederrhein bei Namen wie *Claßen, Thyssen, Theunissen* und natürlich auch bei *Janssen* immer wieder vor. Jetzt zur deutschen Schrift: Darin hatte das kleine *h* Ober- wie Unterlänge, es war ein „langer" Buchstabe. Folgten in dieser Schrift *h* und *s* aufeinander, so sah diese Buchstabenfolge dem *Ss* der lateinischen Schrift zum Verwechseln ähnlich. Das ist der Kern des ganzen Problems. *JanSsen* (in lateinischer Schrift) wurde mit *Janhsen* gleichgesetzt. So konnten sich am Niederrhein auch Schreibungen wie *Claahsen, Maahsen* oder *Vohs* entwickeln. Anderswo in Deutschland wurden Menschen jetzt *Weihs* geschrieben, obwohl auch *Weiss* oder *Weiß* dabei hätte herauskommen können. Varianten wie *Groß, Gross* und *Grohs* haben hier ebenfalls ihren Ursprung. Damit wäre Licht in den dritten Fall – *Janhsen* mit *hs* – gebracht.

Ansätze für die Lösung des zweiten Falles – *Janssen* mit *ß* – enthält die Empfehlung aus dem Jahr 1980 ebenfalls. Zunächst sei noch einmal betont, dass der Buchstabe *ß* ja grundsätzlich als Ersatz für altes *Ss* infrage kommt. Allerdings heißt es in der Empfehlung mit Recht: nicht *ß*, sondern *ss* stehe „im Inlaut bei Namen mit kurzem Vokal". Als Beispiele werden u. a. *Esser* oder *Schlosser* genannt. Hier hätten auch *Cornelissen* oder *Thyssen* auftauchen können: Das doppelte *s* folgt in diesen Namen auf einen kurzen Vokal (kurzes *i*) und es steht im Inlaut, d. h. weder am Anfang noch am Ende des Wortes. Für *Theunissen* wäre die Sache damit natürlich ebenfalls klar.

Bei *Janssen/Janßen* liegen die Dinge wieder ein bisschen anders. Hier folgte das alte *Ss* nicht unmittelbar auf den vorangehenden Kurzvokal (*a*), weil da ja noch das -*n*- dazwischenstand. Auch die übrigen Vorschläge der GfdS-Empfehlung greifen im Falle von *Janssen/Janßen* nicht eindeutig. Man kann es drehen und wenden, wie man will: Die konkurrierenden Varianten *Janssen* und *Janßen* passen beide ins deutsche Schreibsystem. Bei *Lenssen* und *Lenßen* (neben *Lenzen*) sieht es übrigens nicht anders aus.

In der Empfehlung war ferner zu lesen: Falls sich auf der Basis der hier gemachten Vorschläge im konkreten Einzelfall keine Klärung herbeiführen lasse, solle „die überwiegende Schreibung eines Familiennamens – mit ß oder ss – vor Aufkommen" der problematischen Schreibung festgestellt werden, „mindestens vor 1876". Was dieser Hinweis auf die Schreibgeschichte des einzelnen Namens für die Entscheidung zwischen *Janssen* und *Janßen* bedeutet, zeigt das Beispiel *Theunissen*. Damit noch einmal zurück ins Jahr 1983 bzw. 1984.

Denn es sollte tatsächlich bis zum Oktober 1984 dauern, bis der nun nicht mehr ganz so junge Mann einen Brief vom Standesamt erhielt, in dem ihm mitgeteilt wurde: „der Oberkreisdirektor als untere staatliche Verwaltungsbehörde in Standesamtsangelegenheiten in Kleve prüft z. Zt. Ihren Antrag vom 7. März 1983 […]". Der Brief enthielt auch eine Bitte: „Zwecks Vorlage Ihres Antrages an das Amtsgericht beim Landesgericht in Kleve bitte ich noch um Vorlage von Beweisunterlagen", aus denen hervorgehen sollte, dass die Schreibweise des Familiennamens „im täglichen Leben" *Theunissen* sei. Das tat der Antragsteller gern; und er schickte dem Standesbeamten u. a. die Todesanzeige einer Schwester des Großvaters, die Vermählungsanzeige seiner Eltern sowie – mit allergrößtem Vergnügen – eine Kopie des eigenen

39 Coenders Gerard 18.
40 Janssen Peter 1. 4.
41 De Hoensbroeck op den Haag capellen 2. 5. 3

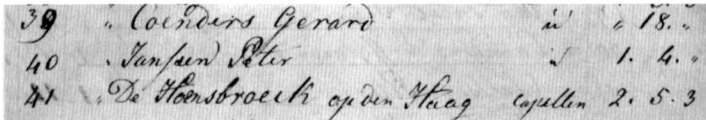

Abb. 3: Aus einem Gelderner Rechnungsbuch des Jahres 1817 (im Pfarrarchiv St. Maria Magdalena Geldern).

Rechnung über Arbeit an die hiesige Coplaney
P. Janssen

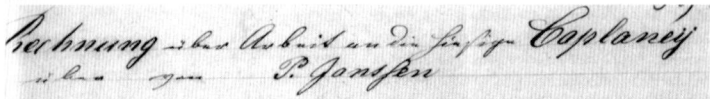

Abb. 4: Kopf einer Rechnung des Gelderner Anstreichers P. Janssen 1855 (aus demselben Archiv).

Abb. 13 Aus dem „Geldrischen Heimatkalender" 1981.

Personalausweises, ausgestellt von derselben Kommunalverwaltung, der auch sein Standesbeamter angehörte.

Dann ging alles ruckzuck. Im November hielt der Antragsteller einen Beschluss des Amtsgerichts Kleve in Händen. Unterschrieben von einer Richterin und ausgefertigt von einer Justizangestellten „als Urkundsbeamtin der Geschäftsstelle des Amtsgerichts" hieß es darin, dass die Eintragung im Geburtenbuch des fraglichen Standesamts zu „berichtigen" sei; statt des dort verwendeten *ß* gehöre das Doppel-*s* zur richtigen Schreibung seines Familiennamens. Mit Aktenzeichen und Stempel.

Zu den „Beweisunterlagen", die der Niederrheiner schon im März 1983 mit eingereicht hatte, gehörte auch die Fotokopie eines Aufsatzes aus dem „Geldrischen Heimatkalender", Jahrgang 1981. Auf dreieinhalb Seiten war dort unter dem Titel „Janshen, Janhsen, Janssen oder Janßen" die Entwicklung der verschiedenen Schreibvarianten unter den besonderen Vorzeichen der niederrheinischen Sprachgeschichte skizziert worden. Und das Spezielle an dieser Sprachgeschichte ist der Gebrauch des Niederländischen über Jahrhunderte hin.

Als etwa der Walbecker Standesbeamte im Jahre 1805 die vom französischen Staat zur Verfügung gestellte Geburtsurkunde für *Petronelle Janssen* ausfüllte, benutzte er die lateinische Schrift, die er sich beim Erlernen der niederländischen Schriftsprache angeeignet hatte. Wie die Abbildung der Urkunde (siehe 1805) sehr schön erkennen lässt, schrieb er den Familiennamen der

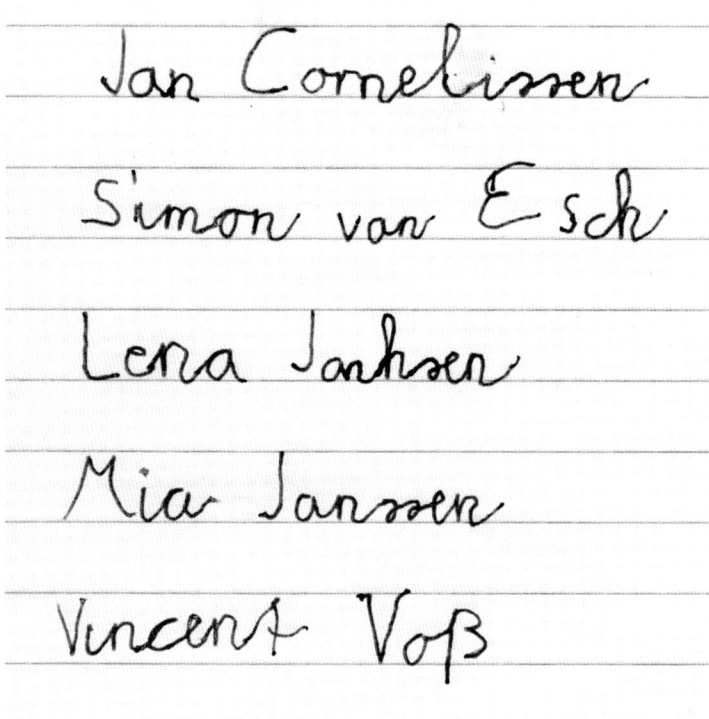

Abb. 14 Jede Zeit hat ihre Schrift: Schreibprobe eines Zweitklässlers des Jahres 2011.

Neugeborenen mit einem langen und einem runden *s*. Diese *Ss*-Kombination war im Niederländischen des 18. Jahrhunderts eine gängige Schreibung.

In dem Beitrag des „Geldrischen Heimatkalenders" waren ebenfalls verschiedene Abbildungen zu sehen, von denen hier zwei wieder abgedruckt werden (siehe Abb. 13). Die obere von beiden ist einem Rechnungsbuch des Jahres 1817 entnommen, zu sehen ist die für das Niederländische der Region typische lateinische Schrift. Unter der laufenden Nummer 40 taucht darin ein *Janssen Peter* auf, in dessen Schreibung wieder die beiden Buchstabentypen (langes *s*, rundes *s*) kombiniert werden.

Die Abbildung darunter zeigt einen Ausschnitt aus der von Hand geschriebenen Rechnung eines Gelderner Anstreichers. Sie datiert aus dem Jahre 1855, als die meisten Einwohner der Stadt bereits von der niederländischen zur deutschen Sprache übergegangen waren. Der Anstreicher benutzte hier, wie er es in der Schule gelernt hatte, die deutsche Schrift; nur für die Hervorhebung der Wörter *Rechnung* und *Caplaneÿ* sowie für seinen Namen wählte er lateinische Buchstaben. Anders als im Regelfall verdrehte P. Janssen allerdings die Reihenfolge des langen und runden *s*: Er schrieb sich *JansSen*. Und genau diese Kombination bildet den Ausgangspunkt für die heute – wenn auch selten – vorkommende Schreibvariante *Janshen*. Damit wäre auch der vierte Fall (*Janshen* mit *sh*) gelöst.

Beim ersten Fall (*Janssen* mit *ss*) liegen die Dinge sowieso einfach. Das heutige Doppel-*s* kann bruchlos anknüpfen an alte, bis ins Mittelalter zurückreichende Schreibungen (siehe 1422/1423). Auch wenn vielleicht zu verschiedenen Zeitpunkten die Form der beiden Buchstaben variiert haben mag und der eine sich vom anderen unterschieden hat – es ist ursprünglich ein doppeltes *s*, mit denen der Name *Janssen* (und vorher *Janssoen*) in Erscheinung tritt. In den Niederlanden – ohne die spätere Verkomplizierung durch die deutsche Schrift – konnte sich diese Variante kontinuierlich halten.

Vielleicht haben Sie es ja schon geahnt: Die Sache *Theunissen* war 1984 dann doch noch nicht abgeschlossen. Zwar hatte der Antragsteller Recht bekommen, seine Geschwister mussten sich in den folgenden Jahren jedoch, jede/r für sich, um die Doppel-*s*-Schreibung ihres Namens bemühen und dafür erneut den Weg zum Amtsgericht beschreiten. Anderenfalls hätte ihnen das gedroht, womit sich heute auch manche *Janssen*-Familien herumschlagen dürften: Dass sich die Geschwister unterschiedlich schreiben (müssen).

Jansen mit einem s

Historisch betrachtet: Handelt es sich bei *Jansen* auf der einen Seite und *Janssen* auf der anderen (einschließlich *ß, hs* und *sh*) um zwei verschiedene Namen?

Nimmt man die 50 häufigsten Familiennamen in der Provinz Limburg, dann stößt man auf 13 Namen, die Schreibparallelen zu *Janssen* (Platz 1 in Limburg) aufweisen, während Analogien zu *Jansen* (Platz 12) fehlen. Es sind dies *Driessen* (11), *Franssen* (13), **Theunissen* (21), *Vaessen* (26), *Thijssen* (32), **Kessels* (37), *Linssen* (38), *Hanssen* (39), *Maessen* (41), *Claessen* (43), **Vossen* (44), **Nelissen* (45) und *Claessens* (46). Mit dem *Sternchen habe ich die vier Namen markiert, die wegen des kurzen Lautes vor dem *s* eigentlich nur mit Doppelbuchstaben geschrieben werden können. Auch die restlichen neun Namen haben ausnahmslos das Doppel-*s*, einschließlich *Franssen*, *Linssen*, *Hanssen* und *Hinssen* mit ihrer Kombination von *n* + *ss*, die sich ohne weiteres auch mit einem einfachen *s* hätten schreiben lassen. Dass in Limburg *Janssen* (und eben nicht *Jansen*) die vorherrschende Variante ist, lässt sich wohl schon mit dem Hinweis auf eine regionale Schreibvorliebe erklären.

J. M. Verhoeff hat die Einleitung zum Repertorium der limburgischen Familiennamen verfasst. Für ihn sind *Janssen/Jansen* bloße Schreibvarianten desselben Namens, er äußert jedoch Zweifel daran, der Rufname *Jans* könne hier im Spiel sein (siehe 1489). Denn er beobachtet ganz richtig, dass *Jans* in den historischen Quellen doch zu selten vorkommt. Stattdessen nimmt er an, *Janssen/Jansen* müsse eine Parallelbildung sein zu *Thewissen* oder *Nelissen*, ursprünglichen Genitivformen also (siehe wiederum 1489). Im 16. Jahrhundert könne, so Verhoeff, zu *Jo(h)annes* ein Beiname mit der Genitivendung *-en* gebildet und dann mehr oder weniger gleichzeitig dessen erster Teil zu *Jans(s)* verkürzt worden sein. Die von mir zusammengetragenen Belege sprechen allerdings dafür, dass *Janssen/Jansen* im heutigen Limburg wie in den benachbarten niederrheinischen Orten etwas später (eher gegen Ende des 16. Jahrhunderts und im 17. Jahrhundert) aufgekommen ist. Die Parallelen zwischen *Janssen* und den hier alteingesessenen Namen wie *Franssen* oder *Linssen*, auf die Verhoeff hinweist, liegen auf der Hand.

In der niederländischen Provinz Gelderland zeigt sich ein anderes Bild. Die Analyse der 50 häufigsten Namen fördert hier neben *Jansen* (Platz 1) und *Janssen* (Platz 2) elf weitere mit einfachem bzw. Doppel-*s* zutage: *Gerritsen* (6), *Derksen* (7), *Willemsen* (8), **Visser* (14), **Teunissen* (19), *Berendsen* (30), *Hendriksen* (34), **Corne-

Abb. 15 Umschlag des Buches „Unter Pastor Jansens Paraplü", geschrieben von dem aus Emmerich stammenden Johannes Derksen. Wäre Derksen ein Gocher gewesen, hätte der Geistliche unter dem Regenschirm („Paraplü") vermutlich den Namen *Janssen* (oder *Janßen*) getragen.

lissen (35), *Klaassen* (38), *Driessen* (45) und **v. Essen* (46). Klammert man hier *Visser, Teunissen, Cornelissen* und *v. Essen* mit ihrem obligatorischen Doppel-*s* aus, bleiben mit *Gerritsen, Derksen, Willemsen, Berendsen* und *Hendriksen* immerhin fünf Sohn-Namen mit einfachem *s*. Das in Gelderland am häufigsten vorkommende *Jansen* ist also in bester Gesellschaft. *Klaassen* und *Driessen* schließen sich dagegen *Teunissen* und *Cornelissen* an.

Im 15. und 16. Jahrhundert waren sowohl Schreibungen wie *Janssoen* mit Doppel-*s* (siehe 1467, 1489) als auch *Janson* mit einfachem *s* (siehe 1568) üblich. Sie unterschieden sich durch das (nicht) eingefügte Genitiv-*s*: *Jans-soen, Jan-son*. Aus *Janssoen* konnte sich *Janssen* entwickeln, an *Janson* schließt *Jansen* an. Beide Varianten können an einem Ort problemlos nebeneinander existieren. Welche Variante in welcher Region heute dominiert, hat dann offensichtlich sehr viel mit den Schreibmustern vergleichbarer Namen zu tun. *Janssen* bzw. *Jansen* steht jedenfalls nie alleine da.

Janssen als Modename

Dass der Niederrhein alles andere als eine mausgraue Wabe auf der Karte der Familiennamen Deutschlands ist, heben Rita Heuser und Damaris Nübling in ihrem Beitrag zum Sammelband „Familiennamen an Niederrein und Maas" hervor; dort schreiben sie, „dass es sich bei der niederrheinischen Familiennamenlandschaft um ein äußerst eigenständiges, scharf profiliertes Gebiet handelt, das von wenigen Wanderungsbewegungen zeugt und eine starke Übereinstimmung mit der niederländischen Familiennamenlandschaft aufweist". Zu den Übereinstimmungen gehört auch die prominente Position des Namens *Janssen* am Niederrhein: In den Niederlanden kommt der Name gerade in der Nähe zur niederrheinischen Grenze besonders häufig vor (siehe 1592).

> *Jan tout le jour*
> „*Jan*, immer nur *Jan*". So könnte man den Vers *Jan tout le jour* frei übersetzen, den man früher am Niederrhein sang, wenn die Musik zur Quadrille aufspielte: *Jan tout le jour / die Been – die Been. / Jan tout le jour / die Been van de Flur*. Natürlich

> hätten die Niederrheiner und Niederrheinerinnen auch *Jean tout le jour* singen können, zur Not *Schäng tout le jour*. Doch mit *tout le jour* war ihre sprachliche Prunksucht offensichtlich bereits befriedigt. Als Kontrapunkt wählten sie *Jan*.

Besonders viele niederrheinische *Janssens, Janßens* und *Jansens* leben in den Städten und Dörfern des Nordens, also in der näheren und weiteren Nachbarschaft Nimwegens. Nach den Unterlagen des „Deutschen Familiennamenatlas" ist die Dichte der Namensträger nirgendwo größer als im Postleitzahlbezirk 475. Zu diesem Bezirk gehören die Kommunen Kranenburg, Kleve, Bedburg-Hau, Kalkar, Goch und Uedem. In der unmittelbaren Nachbarschaft liegen Weeze, Kerveheim, Sonsbeck, Marienbaum und Xanten. Dort, am „untersten" Niederrhein, ist *Janssen* (mit all seinen Varianten) der Allerweltsname überhaupt; insgesamt 2,08 Prozent der Menschen tragen im Postleitzahlbezirk 475 laut Telefonbuchauswertung den Namen *Janssen, Janßen* bzw. *Jansen*. Er geht hier auf spätmittelalterliche, an den Rufnamen *Jan* anschließende Sohn-Namen zurück (*Janssoen/Janson*), so dass seine Geschichte eigentlich recht gradlinig und wenig spektakulär verlaufen ist. Das aber nur eine, die erste von insgesamt drei niederrheinischen Geschichten des Namens.

Zum Bezirk 475 gehören neben den sechs genannten Kommunen auch noch die Stadt Neukirchen-Vluyn sowie die Gemeinde Rheurdt, die viel weiter südlich liegen, aber seltsamerweise die Postleitzahlen 47506 und 47509 bekommen haben. Beide Kommunen „drücken" den Anteil der *Janssens* im Postleitzahlbezirk 475, so dass für die sechs Städte und Gemeinden im Norden mit prozentual deutlich mehr Menschen des Namens zu rechnen ist.

Die zweite Geschichte ist eigentlich eine Nicht-Geschichte. Am rechten Niederrhein hat der Name *Janssen* in der frühen Neuzeit kaum Dynamik entfalten können. Das wurde an Bevölkerungs- und Namenlisten aus Wesel und Hiesfeld gezeigt. Der Name kommt hier heute deutlich seltener vor als im Linksrheinischen, und er spielt im benachbarten Westfalen dann gar keine Rolle mehr, wie es auf der *Janssen/Jansen*-Karte (siehe 1592) gut zu erkennen ist. Der rechtsrheinische Norden mit Emmerich

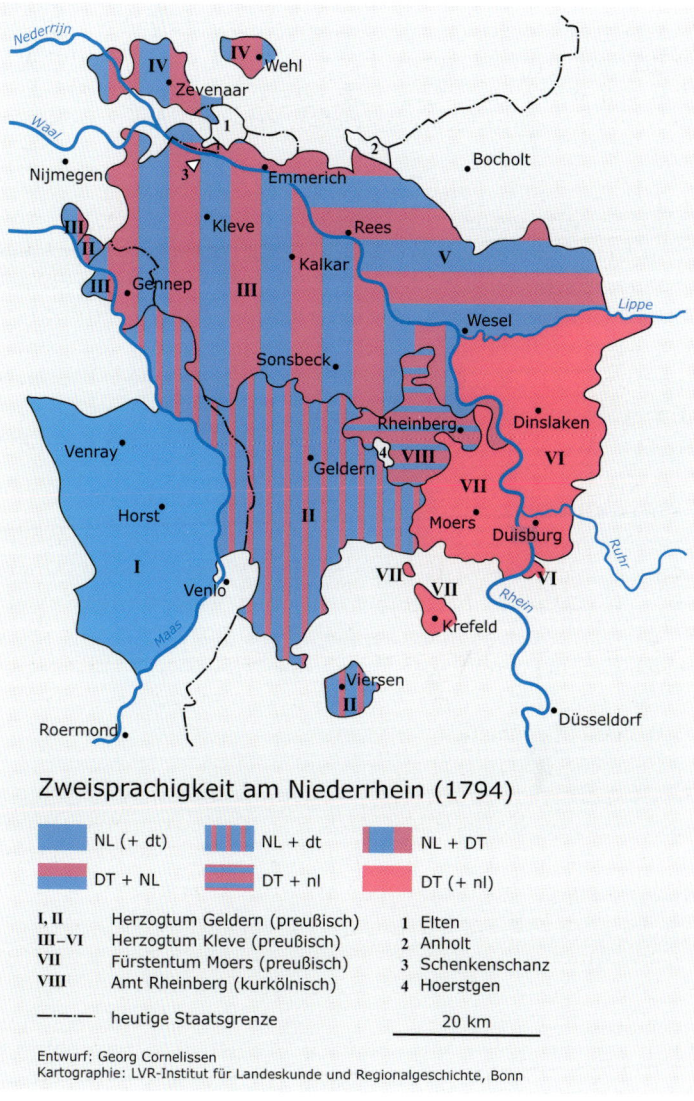

Abb. 16 Die Verteilung der Schriftsprachen Deutsch und Niederländisch vor Beginn der Franzosenzeit.

verhielt und verhält sich allerdings ganz anders. Für den Raum Rees könnte Ähnliches gelten.

Nicht zu übersehen sind Parallelen zwischen der allgemeinen Sprachgeschichte des Raumes und der Namenentwicklung. Seit dem 16./17. Jahrhundert bildeten sich am Niederrhein bestimmte Regionen heraus, die die deutsche Schriftsprache übernahmen, während in anderen Teilen (teilweise neben dem Deutschen) das Niederländische verwendet wurde (siehe Abb. 16). Die am Deutschen orientierten Orte im Rechtsrheinischen haben auch den Namen *Janssen* weitgehend ignoriert. Im linksrheinischen Moers dominierte seit der frühen Neuzeit ebenfalls das Deutsche, heute spielt hier *Janssen* eine ähnlich untergeordnete Rolle im Namenschatz wie im Raum Wesel-Dinslaken auf der anderen Rheinseite. Ein Zufall?

Auf die Spur einer dritten und besonders spannenden Geschichte des Namens führten die Belege aus dem Raum Venlo, aus Bracht und aus Kaldenkirchen. Vereinfachend könnte man in diesem Fall vom südlichen Niederrhein sprechen (unter Einbeziehung der angrenzenden Streifen der Provinz Limburg): Hier ist *Jansen* ein Modename des 16. und 17. Jahrhunderts.

Man braucht nicht über hellseherische Qualitäten zu verfügen, um die Prognose zu wagen, dass in den nächsten Jahren die Zahl der einzuschulenden Mädchen namens *Mia Janssen* steil ansteigen wird. *Mia* ist nämlich derzeit ein echter Modename. Am Niederrhein gab es die *Mias* natürlich auch früher schon, weil *Mia* in den hiesigen Mundarten eine Kurzform von *Maria* war. Neu ist der Vormarsch von *Mia* (jetzt aber als eigenständiger Name) in ganz Deutschland.

Wie diese Namenmode entstanden sein mag, ist die eine Sache. Dass sich der Name *Mia* einer vor kurzem noch undenkbaren Beliebtheit bei deutschen Eltern erfreut, eine andere. „Namenmoden" und „Modenamen" – wenn diese Begriffe fallen, denken wir unwillkürlich an Vornamen. Vornamen können eben, wie Knickerbocker oder Miniröcke, in Mode kommen und einige Zeit später vielleicht auch schon wieder out sein. Bei Familiennamen ist das heute aufgrund der rechtlichen Bestimmungen nicht mehr möglich. Wer Eltern hat, die *Janssen* heißen, hat es nicht leicht, sich in offiziellen Dokumenten *Jackson* zu nennen, etwa weil er einen berühmten Träger des Namens *Jackson* verehrt. Das deutsche Namenrecht schiebt dem einen Riegel vor.

Im 16. und 17. Jahrhundert gab es ein solches Namenrecht noch nicht, und in vielen Fällen waren die Beinamen noch nicht erblich geworden (siehe 1596 und 1695). Welchen Beinamen ihre Kinder also einmal bekommen würden, war für Eltern auf diese Weise auch nur begrenzt vorhersehbar. Warum nun in dieser namenkundlich noch „offenen" Periode *Janssen* bzw. *Jansen* einen derartigen Auftrieb bekommen hat, wird sich wohl nie mit Gewissheit sagen lassen. Wahrscheinlich – eine bloße Vermutung – wäre der Beiname ohne die Beliebtheit des Rufnamens *Jan* aber nicht so oft vergeben worden.

Die von Rita Heuser und Damaris Nübling publizierte Karte (siehe dazu 1666 I) lässt erkennen, dass *Jansen* (zumeist mit einem *s*) im Raum Heinsberg-Erkelenz heute sehr häufig vorkommt. Es handelt sich um die Postleitzahlbezirke 418 (Erkelenz, Wegberg…) und 525 (Heinsberg, Selfkant, Geilenkirchen…). Dort liegt auch Dremmen, ein Ort, der ebenfalls erst spät an diesen Namen gekommen zu sein scheint. Das Kartenbild spricht für eine Übernahme des Namens aus dem Norden und aus dem Westen. *Jansen* muss für die Menschen des 16. und 17. Jahrhunderts, als der Name sich weiter ausbreitete, „niederländisch" geklungen haben.

Claes, Frenss, Thys und Jans

Vielleicht müssen wir aber auch noch eine ganz andere Erklärung – oder Teilerklärung – für *Janssen* in Betracht ziehen. Darin übernähme *Jans* die Hauptrolle, wohlgemerkt der Beiname *Jans*, wie er etwa im Raum Venlo (einschließlich Kaldenkirchen) oder in Dremmen im 16. und 17. Jahrhundert vorkam; Varianten waren *Janss* und *Janß*.

Diese Erklärung kann sich auf historische Befunde stützen: Xantener Bürger trugen um 1500 Beinamen wie *Claes*, *Frenss* oder *Thys*, die also vollständig den damaligen Rufnamen entsprachen.

Unter den Einwohnern Xantens, die in den von Dieter Kastner bearbeiteten Urkunden namentlich erwähnt werden, trifft man u. a. auf einen *Johan Claes* (anno 1524), auf *Rutgerus Frenss* (1483), *Wyndell Theeus* (1516), *Arnt Thonis* (1489), *Fielebart Toeniß* (16. Jahrhundert) oder auf *Johan Thys* (1468). Im Vergleich dazu herrschen heute am Niederrhein längere Namenvarianten vor: Die Menschen heißen eher *Claeßen/Klaßen* (usw.), *Frentzen/Franssen*, *Teuwsen/Theusen*, *Thönissen/Theunissen* (usw.) oder *Thyssen/Thissen/Theißen* (usw.). Das *-en* wird in diesen Namen allgemein als Genitivendung angesehen (siehe 1489).

Parallele Entwicklungen deuten sich in den Beinamen Kaldenkirchens (siehe 1666 II) an: *Claes* (15. Jahrh.) – *Claeßen* (17. Jahrh.), *Jenniß* (16. Jahrh.) – *Jennißen* (17. Jahrh.), *Meuß* (16. Jahrh.) – *Meweßen* (17. Jahrh.).

Ein zweiter Anhaltspunkt für diese Erklärung findet sich in den Dialekten des Niederrheins, genauer: in den Dialektvarianten bestimmter Familiennamen. Die folgenden Beispiele stammen aus Winnekendonk. Wer dort amtlich *Konrad Ingenpaß* heißt oder hieß, kann oder konnte im Dialekt *Ingenpasse Kunn* genannt werden. Ein *Jakob van Esch* war in der Mundart *van Esche Köb*, und aus *Peter Vos* wurde so *Vosse Pitt*. Ein *Anton Schlootz* wurde im Dorf *Schlootzen Toon* genannt oder eine *Hendrina Ingenpaß*: *Ingenpassen Drecka*. Im Winnekendonker Platt wird das ursprüngliche *-n* in der Regel nicht gesprochen, vor bestimmten Folgelauten, so vor einem *d* (*Ingenpassen Drecka*) oder einem *t* (*Schlootzen Toon*), tritt es allerdings dann doch wieder ein. Das angehängte *-e* (*Vosse Pitt*) wie das *-en* (*Schlootzen Toon*) sind also Varianten des schwachen Genitivs (siehe 1489). Dort, wo noch Dialekt gesprochen wird, sind solche Genitivbildungen bis heute am Niederrhein lebendig.

Zurück zu den Xantener Namen um 1500: Offensichtlich haben die um eine Silbe erweiterten Varianten die damals verwendeten kürzeren Beinamen inzwischen überflügelt. Unter der Voraussetzung, dass diese Genitivwelle auch anderswo am Niederrhein ihre Wirkung entfaltet hat, könnte sie den Beinamen *Jans* mit sich gerissen haben. Wie aus *Frenss* dann *Frentzen* wurde oder aus *Claes*: *Claeßen*, so könnte an die Stelle des Beinamens *Jans* unser *Jansen* (oder *Janssen*) getreten sein.

In Dremmen lebte 1666 ein *Lenart* mit dem Beinamen *kort Jans* (siehe 1666 I). Namensvettern von ihm begegnet man auch in Xanten, neben anderen ist für das Jahr 1513 ein Bürger namens *Jan Kortjans* bezeugt. Trifft der hier vorgestellte Erklärungsansatz zu, dann hat sich aus dem Rufnamen *Jan* der Familienname *Janssen* (*Jansen, Janßen*) zweigleisig entwickeln können, sowohl über den Sohn-Namen *Janssoen* (im Norden) als auch auf dem Umweg über den Beinamen *Jans* (*Janss/Janß*). Die Geschichte des Namens wäre damit noch etwas komplizierter, Ausgangspunkt aller Entwicklungen aber bliebe der Rufname *Jan*.

Wo jeder Dritte Janssen heißt

Die Stroot, die was van Menße voll.
„Hä, Janze" rüpt d'r eene!
Die Hälft, die dräjd sich gaukes öm:
„Of die min wäll meene?"

„Janze", also *Janssen*, heißt das Gedicht, dessen erste Strophe mit einer Straßenszene beginnt. Der Text stammt aus der Feder des Klever Mundartautors Karl Groenewald: „Die Straße war voller Menschen. ,Hey, *Janssen*' ruft einer von ihnen. Die Hälfte dreht sich schnell (*gaukes*) um: ,Ob die mich wohl meinen?'" Dass in der Nordwestecke des Niederrheins jeder Dritte *Janssen* heiße, ist immer mal wieder zu hören. Aber gleich die Hälfte?

Im Postleitzahlbezirk 475, zu dem auch die Stadt Kleve gehört, sind die *Janssens* auf jeden Fall zuhause, die *Janßens* auch; auf die mit einfachem *s* stößt man hier etwas seltener. Hier liegen auch Kranenburg, Bedburg-Hau, Kalkar, Goch und Uedem. Neukirchen-Vluyn und Rheurdt (siehe oben) seien einmal ausgespart.

In der Stadt Kleve (einschließlich ihrer 15 Ortschaften) liegt der Anteil der Menschen namens *Janssen* tatsächlich bei etwa 2,1 Prozent, wenn man einmal die drei Varianten *Janssen*, *Janßen* und *Jansen* nimmt. Die vergleichsweise wenigen Einwohner mit Namen *Janhsen* klammere ich jetzt einmal aus (*Janshen* fehlt im Klever Telefonbuch). Auf diesen Prozentsatz kommt man, wenn man die Einträge im Telefonbuch bereinigt, indem man Dubletten und

Abb. 17   Mit Werbeträgern wie diesem ist am nördlichen Niederrhein besonders oft zu rechnen; das Foto wurde 2011 in Issum gemacht.

Firmennennungen streicht und den Anteil der *Janssens* (in den drei Schreibvarianten) an der Gesamtzahl der Einträge misst. Wenn man nicht über digitalisierte Datensätze verfügt und die Auswertungen deshalb „von Hand" vorgenommen werden müssen, ist das ein äußerst zeitaufwändiges Verfahren. Wie auch immer: In Kleve heißt also etwa jeder Fünfzigste *Janssen* (*Janßen, Jansen*). Es muss also schon etwas los sein in der Klever Fußgängerzone, damit sich ein paar Dutzend Passanten bei dem Ruf „Hey, *Janssen*" umblicken.

In Goch steigt der Anteil für *Janssen* (einschließlich *Janßen* und *Jansen*) auf mehr als 3 Prozent. Zugrunde liegt wiederum die Telefonbuchauswertung, diesmal für das Gocher Netz einschließlich aller Ortschaften. Ob es in Asperden, Hommersum, Hassum, Kessel, Hülm, nicht zu vergessen in Nierswalde und Pfalzdorf, nun prozentual mehr oder weniger Träger des Namens gibt als in der alten Stadt Goch, muss dabei offen bleiben. Noch einmal etwa 0,3 Prozent kommen in Goch hinzu, wenn auch die Träger der Namen *Janhsen* und – ganz selten – *Janshen* mitgezählt werden.

Auch in der Gemeinde Kranenburg trägt noch lange nicht jeder Dritter den Namen *Janssen*, aber immerhin sind es hier gut 4,5 Prozent der Einwohner und Einwohnerinnen, immer gemessen an den Einträgen des Telefonbuches (und unter Ausklammerung der Variante *Janhsen*). Nun haben sich in den letzten Jahren nicht wenigen Niederländer und Niederländerinnen in Kranenburg niedergelassen, wodurch die Zahl der *Janssens* noch einmal gestiegen sein wird. Wer die im Telefonbuch eingetragenen Vornamen studiert, wird allerdings zu dem Ergebnis kommen, dass auch hier die allermeisten *Janssens* Deutsche sein dürften – bzw. Eingesessene, von denen aus familiengeschichtlichen Gründen vielleicht doch etliche einen niederländischen Pass haben.

Westlich der Kranenburger Gemeindegrenze, die ja zugleich Staatsgrenze zu den Niederlanden ist, „knubbeln" sich die *Janssens*. Im Nachbarort Groesbeek machen die Träger des Namens *Janssen/Jansen* satte 5,3 Prozent der Einwohnerschaft aus, wobei die *Janssens* mit Doppel-*s* klar in der Überzahl sind. Die Ermittlung der exakten Prozentwerte für die Kommunen in den Niederlanden ist übrigens ein Kinderspiel, da sich die Einzelzahlen über die Familiennamen-Datenbank des Amsterdamer Meertens Instituut in Sekundenschnelle abrufen lassen.

Die niederrheinischen Kommunen mit den meisten Namensträgern sind die Großstädte Mönchengladbach und Krefeld. Auf der Karte von Rita Heuser und Damaris Nübling (siehe dazu 1661 I) ist allerdings abzulesen, dass hier der relative Anteil, gemessen am Norden des Niederrheins, eher niedrig ist. In absoluten Zahlen aber liegt Mönchengladbach deutlich vorn. Im Telefonbuch haben wir, wieder unter Ausklammerung der Dubletten und der gewerblichen Einträge, 811 Namensträger ermittelt sowie zweimal *Janhsen*, Krefeld kommt auf 455 Einträge sowie zwölfmal *Janhsen* (siehe 1592). Zum Vergleich: Der absolute Wert für Goch beträgt 346 (plus 33 *Janhsen/Janshen*).

Im Jahre 1683 machten sich 13 Krefelder Familien auf, um über Rotterdam nach Amerika auszuwandern, ihre Schiffsreise an Bord der Concord sollte berühmt werden. Bei den Krefeldern und Krefelderinnen, die schließlich in Philadelphia landeten, handelte es sich überwiegend um Quäker; nur eine Quäkerfamilie blieb damals in Krefeld zurück – es war die Familie von *Hendrick Janßen*. *Hendrick* mit seinem niederrheinisch-niederländischen *d* (siehe 1666 II) und *Janßen* mit seinem niederrheinisch-deutschem *ß* – einen für die Region typischeren Namen wird man kaum finden können.

85

Nachweise

L: Literatur; M: Material

Arnold Janssen (1837-1909)
L: Marynissen/Nübling 2010. M: Telefonbuch (35) 2005/2006. Wej senge op Platt 1990 (S. 43: Thomas Bäckers *Janssen*-Lied).

Für alle, die nicht Janssen heißen
M: Wennekers/Schoofs/Schoofs 2009.

Johannes, der Kellermeister (1416/1417)
L: Geuenich 2002; Linsberger 2010; Mihm/Mihm 2007 (alle Zitate S. 463; dort werden die Namen buchstabengetreu mit kleinen Anfangsbuchstaben geschrieben). M: Mihm/Mihm 2007, 2008.

Katryn Jannes (1422/1423)
L: Gillessen 2003; Kremer 1986; Kunze 2004 (S. 45 die Zahlen für Florenz); Zillgens 1974. M: Kuppers 1993 (S. 370: *Katryn Jannes*).

Segher Johanssoen (1439)
L: Bach 1978; Heeroma/Ebeling 1971; van Loon 1981; Marynissen 1991, 1994. M: Evers 1990; Nederlands Repertorium Gelderland 1971; Scholz-Babisch 1971.

Johan Snackert Janssoen (1467)
L: Buitenhuis 1979; Cornelissen 2011; Debrabandere 2003; Marynissen 1991. M: Evangelisches Kirchenarchiv Wesel 26/1 (eine Transkription wurde von Dr. Martin Wilhelm Roelen, Stadtarchivar in Wesel, zur Verfügung gestellt).

Henrik Janssoen (1489)
L: Debrabandere 2003; Marynissen/Nübling 2010 (Zitat S. 333). M: Frankewitz 1986.

Jan van Aecken (1511)
L: Dicks 1998 (S. 324, Schreibung verändert); Peters 1998 (S. 490). M: Roks 1993 (S. 60).

Lamert Johansen (1568)
L: Cornelissen 2011; Gloël 1901; Hantsche 1996. M: Stadtarchiv Wesel A 1/253,8.1 (eine Transkription wurde von Dr. Martin Wilhelm Roelen, Stadtarchivar in Wesel, zur Verfügung gestellt).

Heinken Hennißkens (1578)
L: Burghard 1994; Cornelissen 2009; Krach 1924/1977 (Zitat S. 81, Schreibung verändert); Peters 2006 (Zitat S. 84/85). M: Peters 2006.

Brandt Janssoen oder Jansen (1592)
L: www.streekarchivariaat.nl [Streekarchivariaat Noordwest-Veluwe] Transcriptie op de criminele rechtspraak 1563-1596 „Oorvedenboek" Elburg, [transkribiert von] E. Kranenburg-van der Beek (5. 3. 2010). M: Heeroma/Ebeling 1971; Nederlands Repertorium Gelderland 1971; www.meertens.knaw.nl/nfb (14. 1. 2011); www.streekarchivariaat.nl (wie oben).

Die Tochter von Jan Thijssen (1596)
M: Kastner 2005; www2.nijmegen.nl/wonen/oudste_stad/Archief/Genealogie/dooptrouwbegraafboeken (7.9.2010).

Jan Janssen (1599)
L/M: Dederich 1971; Seesing 1980.

Johann Janssen (1616)
M: Real 1974.

Lysbet Jans (1637)
L: Deutsches Wörterbuch, Band 6, 1983; Klerken 2008; Noever 2003 (S. 106, Schreibung verändert). M: Henriks 1967; Klerken 2008; www.meertens.knaw.nl/nfb (17.9.2010). De Telefoongids (46/47) 2004/2005.

Jacobus Joannis (1638)
M: Klerken 2008.

Derich Jans (1666 I)
L: Cornelissen/Eickmans 2010; Gillessen 2003; Heuser/Nübling 2010.
M: HSTA Düsseldorf Jülich-Berg II, 2382, Blatt 324-329 sowie 338 (mit Dank an Leo Gillessen, Erkelenz; L. G. hat mir seine buchstabengenauen Transkriptionen zur Verfügung gestellt, wobei ich hier die Kleinbuchstaben am Wortanfang durch Großbuchstaben ersetzt habe).

Erken Janßen (1666 II)
L: Cornelissen 2009; Cornelissen/Eickmans 2010; Dicks 1998; Frank 1982; Frings 1926/1966; Goossens 1991; Heuser/Nübling 2010; van Loon 1981; Marynissen 2010; Rheinisches Wörterbuch, Band 1, 1928; Wrede 2010. M: Peters 1998 (alle Kaldenkirchener Listen); geogen: http://christoph-stoepel.net/geogen/v3/ (6. 1. 2011); Telefonbuch 36 (2004/2005).

Der Janssenhof (1675)
L: Cornelissen im Druck; Kohnen 2003 (S. 105, Schreibung verändert). M: Dicks/Geenen/Sommer 1990; Geheimes Staatsarchiv Berlin (P. K.), I. Hauptabteilung, Geheimer Rat, Rep. 34, Nr. 5115 (mit Dank an Dr. Michael Knieriem); Oediger 1982.

Johann Süßelbeeck (1678)
L: Lange 2007. M: 1585-1985 […] 1985 (Zitat S. 47); Lange 2003; geogen: http://christoph-stoepel.net/geogen/v3/ (6. 1. 2011); Telefonbuch (35) 2005/2006, (34) 2006/2007.

König Hendrick Janssen (1681)
M: Chronik 400 Jahre […] 1992.

Agnes Janssen (1695)
M: www2.nijmegen.nl/wonen/oudste_stad/Archief/Genealogie/dooptrouwbegraafboeken (7.9.2010).

Christina Janssen (1697)
L: Gahlings/Matenaar 1986 (Zitat S. 71, Schreibung verändert); Hantsche 1999. M: Delhougne/Sollet 1985.

Johann Jansen (1772)
L: Cornelissen 1986 (S. 179: Heiratszahlen für Geldern und Kevelaer); Dicks 1998; Giesbers 2008 (S. 62-64: über grenzüberschreitende Heiraten im 19. Jahrhundert); Wennekers/Schoofs/Schoofs 2009.

Petronelle Janssen (1805)
L: Brouwer 2010; Cornelissen 2003; Dellmann 1988; Theis/Wilhelm 2009. M: Cornelissen 2003 (S. 99).

Eva Janssen, geb. Iva Nathan (1808)
L: Halmanns 2002; Keuck/Halmanns 2002; Kunze 2004 (Zitat S. 169). M: Halmanns 2002.

Johannes Janssen (1829)
L: Burghard 2000; Steingießer 2006; Wensky 2006. M: Kastner 2006; http:/de.wikipedia.org/wiki/Johannes_Janssen (2. 9. 2010).

Wilhelmina Jansen (1858)
L/M: Bevölkerungsliste der Stadt Wesel […] 2000.

Die Janssenstraße
L: Dicks 1998; Noack 1997; Schönberner 1998. M: Dank an Dr. Martin Wilhelm Roelen (Stadtarchiv Wesel).

Janßen vor Gericht
L: Cornelissen 1981; Kunze/Nübling 2011.

Jansen mit einem s
L: Heeroma/Ebeling 1971; Marynissen/Nübling 2010; Verhoeff 1988. M: Nederlands Repertorium Gelderland 1971; Nederlands Repertorium Limburg 1988.

Janssen als Modename
L: Cornelissen 2003; Gahlings/Matenaar 1986 (Zitat S. 88, Schreibung verändert); Heuser/Nübling 2010 (Zitat S. 40). M: Daten des Deutschen Familiennamenatlas (mit Dank an Dr. Rita Heuser, Mainz); www.gfds.de/vornamen/beliebteste-vornamen/ (5. 1. 2011).

Claes, Frenss, Thys und Jans

L: Marynissen/Nübling 2010. M: Kastner 2006, 2007. Die Winnekendonker Belege verdanke ich Hansgerd Kronenberg und Henny Lenzen.

Wo jeder Dritte Janssen heißt

L: Deisel 2003. M: Groenewald 1972 (Gedicht S. 127; mit Dank an Bernhard Berns, Winnekendonk, für den Hinweis); www.meertens.knaw.nl/nfb (14. 1. 2011); Telefonbuch (35) 2005/2006, (36) 2004/2005.

Literatur

geogen: http://christoph-stoepel.net/geogen/v3/ (6. 1. 2011).

www.meertens.knaw.nl/nfb (14. 1. 2011).

www.streekarchivariaat.nl [Streekarchivariaat Noordwest-Veluwe]: Transcriptie op de criminele rechtspraak 1563-1596 „Oorvedenboek" Elburg, [transkribiert von] E. Kranenburg-van der Beek (5. 3. 2010).

www2.nijmegen.nl […] [Regionaal Archief Nijmegen]. (7.9.2010).

1585-1985 – 400 Jahre evang. Kirchengemeinde Hiesfeld. Dinslaken o. J.

Bach, Adolf: Deutsche Namenkunde. Band I.1: Die deutschen Personennamen. Einleitung. Zur Laut- und Formenlehre, Wortfügung, -bildung und -bedeutung der deutschen Personennamen. 3., unveränderte Aufl. Heidelberg 1978.

Bevölkerungsliste der Stadt Wesel mit Feldmark und der Bürgermeisterei Obrighoven-Lackhausen. Namen und Wohnungen aller dort zu der Zeit lebenden Zivilpersonen mit Angabe des Berufes oder Familienstandes, des Alters und der Religion, mit Register und Stadtplan. Wesel 2000.

Brouwer, Leendert: De naammythe van Napoleon. www.naamkunde.net/?page_id=162 (23.12.2010).

Buitenhuis, H.: Patroniemen op -sen in Nederland. In: Naamkunde 11, 1979, S. 118-130.

Burghard, Hermann: Kaiserswerth im späten Mittelalter. Personen-, wirtschafts- und sozialgeschichtliche Untersuchungen zur Geschichte einer niederrheinischen Kleinstadt. Köln 1994.

Burghard, Hermann: Moers vom Wiener Kongreß bis zum Ende des Ersten Weltkrieges (1815-1918). In: Wensky, Margret (Hrsg): Moers. Die Geschichte der Stadt von der Frühzeit bis zur Gegenwart. Band 2: Von der preußischen Zeit bis zur Gegenwart (ab 1702). Köln/Weimar/Wien 2000, S. 143-312.

Chronik 400 Jahre St. Georgius-Gilde Goch, 1592-1992. Goch 1992.

Cornelissen, Georg: Janshen, Janhsen, Janssen oder Janßen. Zur Schreibweise der Familiennamen mit ss am Niederrhein. In: Geldrischer Heimatkalender 1981, S. 39-42.

Cornelissen, Georg: Das Niederländische im preußischen Gelderland und seine Ablösung durch das Deutsche. Untersuchungen zur niederrheinischen Sprachgeschichte der Jahre 1770 bis 1870. (= Veröffentlichungen des Historischen Vereins für Geldern und Umgegend, 86). Geldern 1986.

Cornelissen, Georg: Kleine niederrheinische Sprachgeschichte (1300-1900). Eine regionale Sprachgeschichte für das deutsch-niederländische Grenzgebiet zwischen Arnheim und Krefeld. Met een Nederlandstalige inleiding. Geldern, Venray 2003.

Cornelissen, Georg: *Jenissen* oder *Janssen*? *Johannes* und seine Kinder. Eine namengeschichtliche Skizze für den Kreis Viersen. In: Heimatbuch des Kreises Viersen 60, 2009, S. 83-90.

Cornelissen, Georg: Weseler Familiennamen. Häufige, typische und auffällige Namen. In: Kreis Wesel Jahrbuch 2011, S. 217-224.

Cornelissen, Georg: Zur Geschichte der Sonsbecker Hofnamen. In: Knieriem, Michael (Hrsg.): Sonsbecker Höfe, Namen und Bilder. Fragen an die Geschichte der Höfe und Katen in Sonsbeck, Labbeck und Hamb (im Druck).

Cornelissen, Georg/Eickmans, Heinz (Hrsg.): Familiennamen an Niederrhein und Maas. Von Angenendt bis Seegers/Zeegers. (= Schriftenreihe der Niederrhein-Akademie/Academie Nederrijn, 9). Bottrop 2010.

Debrabandere, Frans: Woordenboek van de familienamen in België en Noord-Frankrijk. Grondig herziene en vermeerderde uitgave met medewerking van Peter De Baets. Amsterdam, Antwerpen 2003.

Dederich, Andreas: Annalen der Stadt Emmerich. 1. Aufl. 1867, Nachdruck Düsseldorf 1971.

Deisel, Frank: Alt-Krefeld. In: Krefeld. Die Geschichte der Stadt. Hrsg. von Reinhard Feinendegen/Hans Vogt. Band 4: Kirchen-, Kultur-, Baugeschichte (1600-1900). Mit Beiträgen von Ursula Broicher u. a. Krefeld 2003, S. 15-119.

Delhougne, Edm. M.A.H./Sollet, A.J.M.: Genealogie Mertens. Roermond 1985.

Dellmann, Hermann Th.: Urkunden erzählen Geschichte. Standesämter im Kreis Kleve. Kleve 1988.

Deutsches Wörterbuch von Jacob Grimm und Wilhelm Grimm. Neubearbeitung […]. 6. Band: D – D-Zug. Bearbeitet […] von H. Albrand u. a. Leipzig 1983.

Dicks, Karl: Vogteier Wörterbuch. Eine Dokumentation der Mundart in der Vogtei Geldern. Mit einer Einführung von Georg Cornelissen. Nieukerk 1998.

Dicks, Karl/Geenen, Ernst/Sommer, Wilhelm: Kerken gestern und heute. Ein Heimatbuch. Kerken 1990.

Eickmans, Heinz: Namen in Romanen. Zur literarischen Verwendung regionaltypischer Personennamen im Werk niederrheinischer Autoren. In: Cornelissen/Eickmans 2010, S. 123-139.

Evers, Heinz: Einwohner Emmerichs im 14. und 15. Jahrhundert und historischer Hintergrund. (= Veröffentlichungen der Westdeutschen Gesellschaft für Familienkunde e. V. Sitz Köln, 53). Köln 1990.

Frank, Ernst: Lexikon – Nokixel mit Gedanken, Gedichten, Erzählungen. Mundartwörterbuch vom Niederrhein aus Duisburg. Maierksch Plat. Duisburg 1982.

Frankewitz, Stefan: Die geldrischen Ämter Geldern, Goch und Straelen im späten Mittelalter. (= Veröffentlichungen des Historischen Vereins für Geldern und Umgegend, 87). Geldern 1986.

Frings, Theodor: Sprache. In: Hermann Aubin/Theodor Frings/Josef Müller: Kulturströmungen und Kulturprovinzen in den Rheinlanden. Geschichte, Sprache, Volkskunde. […] 1. Aufl. Bonn 1926, Nachdruck Bonn 1966, S. 94-189.

Gahlings, Karl/Matenaar, Franz: Lieder und Sprüche aus dem Leben und Brauchtum am Niederrhein. Reprint zum 50. Jahrestag der Ersterscheinung dieses Buches. Kleve 1996.

Geuenich, Dieter: Zur Entstehung und Entwicklung der Familiennamen im hohen Mittelalter. In: Dieter Kremer u. a. (Hrsg.): Onomastik. Band VI: Namenforschung und Geschichtswissenschaften, Literarische Onomastik, Namenrecht, Ausgewählte Beiträge (Ann Arbor, 1981). Tübingen 2002, S. 41-47.

Giesbers, Charlotte Hendrina Elisabeth: Dialecten op de grens van twee talen. Een dialectologisch en sociolinguïstisch onderzoek in het Kleverlands dialectgebied. Een wetenschappelijke proeve op het gebied van de Letteren. […]. o. O. 2008.

Gillessen, Leo: Namenwelt der Vorfahren. Ruf- und Familiennamen aus heimischen Quellen des 13. bis 18. Jahrhunderts. In: Heimatkalender des Kreises Heinsberg 2003, S. 55- 68.

Gloël, Heinrich: Die Familiennamen Wesels. Beitrag zur Namenkunde des Niederrheins. Wesel 1901.

Goossens, Jan: Zur sprachlichen Teilung des Rhein-Maas-Raumes. Mit 4 Karten. In: Rheinische Vierteljahrsblätter 55, 1991, S. 274-293.

Groenewald, Karl: Gedichte und Erzählungen in Klever Mundart. Neu herausgegeben von Heinrich Schönzeler. Kleve 1972.

Halmanns, Gerd: Die jüdischen Familien in Geldern. In: Keuck/Halmanns 2002, S. 351-385.

Handbuch der Historischen Stätten. Nordrhein-Westfalen. Hrsg. von den Landschaftsverbänden Rheinland und Westfalen-Lippe durch Manfred Groten u. a. 11 Übersichtskarten, 34 Stadtpläne. (= Kröners Taschenausgabe, 273). 3., völlig neu bearbeitete Aufl. Stuttgart 2006.

Hantsche, Irmgard: Flüchtlinge und Asylanten am Niederrhein vom 16. bis 19. Jahrhundert. In: Dieter Geuenich (Hrsg.): Der Kulturraum Niederrhein. Band 1: Von der Antike bis zum 18. Jahrhundert. Bottrop, Essen 1996, S. 115-138.

Hantsche, Irmgard: Atlas zur Geschichte des Niederrheins. Kartographie: Harald Krähe. (= Schriftenreihe der Niederrhein-Akademie/Academie Nederrijn, 4). Bottrop, Essen 1999.

Heeroma, K./Ebeling, R. A.: Inleiding. In: Nederlands Repertorium […] Gelderland 1971, S. 5-64.

Henriks, W. Th. M.: De burgerboeken van Venlo. In: Huldeblijk. Bundel opstellen aangeboden aan de genealoog Jan J. M. H. Verzijl […]. Roermond 1967, S. 97-133.

Heuser, Rita/Nübling, Damaris: Von *Angenendt* über *Derrix*, *Janssen* und *Terlinden* bis *Elspaß*. Niederrheinische Familiennamen im Rahmen des Deutschen Familiennamenatlasses. In: Cornelissen/Eickmans 2010, S. 37-66.

Kastner, Dieter (Bearb.): Die Urkunden des Gräflich von Loëschen Archivs von Schloß Wissen. Regesten. Band II: 1456-1534. (= Inventare nichtstaatlicher Archive, 43). Brauweiler 2005.

Kastner, Dieter (Bearb.): Die Urkunden des Stiftsarchivs Xanten. Regesten. Band II: 1450-1490. (= Inventare nichtstaatlicher Archive, 48). Bonn 2006.

Kastner, Dieter (Bearb.): Die Urkunden des Stiftsarchivs Xanten. Regesten. Band III: 1491-1541. (= Inventare nichtstaatlicher Archive, 49). Bonn 2007.

Keuck, Bernhard/Halmanns, Gerd (Hrsg.): Juden in der Geschichte des Gelderlandes. Herausgegeben im Auftrag des Arbeitskreises Jüdisches Bethaus Issum und des Historischen Vereins für Geldern und Umgegend. (= Veröffentlichungen des Historischen Vereins für Geldern und Umgegend, 101). Geldern 2002.

Kleine atlas voor de geschiedenis van beide Limburgen. Samengesteld door een redactiecommissie onder leiding van J. H. M. Wieland. Leeuwarden, Maastricht 1989.

Klerken, Chrit: Vreemdelingen in Venlo: Dopen en trouwen 1636-1639. In: dis Overquartiers van Ruremunde. Jubileumuitgave van de vereniging Overkwartier van Gelre. Venlo 2008, S. 161-183.

Kohnen, Hans: Wörterbuch der Hinsbecker Mundart. Wi di Hänsbäker Jüüte kale. Mit Zeichnungen von Heinz Stenmans. Nettetal 2003.

Krach, Gottfried: Min Modersprok. Die Mundart in der ehemaligen Grafschaft Moers. 1924, Nachdruck Moers 1977.

Kremer, Ludger: Vornamenwahl zwischen 1400 und 1800. Die Bürgerbücher von Ahaus (1400-1801) und Ottenstein (1476-1564) als namenkundliche Quelle. In: Wortes anst – verbi gratia.

Donum natalicium Gilbert A. R. de Smet. H. L. Cox/ V. F. Vanacker/E. Verhofstadt (eds.). Leuven, Amersfoort 1986, S. 277-286.

Kunze, Konrad: dtv-Atlas Namenkunde. Vor- und Familiennamen im deutschen Sprachgebiet. Mit 125 Abbildungsseiten in Farbe. Graphiker Hans-Joachim Paul. 5. durchgesehene und korrigierte Aufl. München 2004.

Kunze, Konrad/Nübling, Damaris (Hrsg.): Deutscher Familiennamenatlas. Band 2: Graphematik/Phonologie der Familiennamen II: Konsonantismus. Von Antje Dammel u. a. Berlin, New York 2011.

Kuppers, Willem: Die Stadtrechnungen von Geldern 1386-1423. Einführung, Textausgabe, Register. (= Geldrisches Archiv, 2). Geldern 1993.

Lange, Karl: Preußische Soldaten im 18. Jahrhundert. (= Jahresheft des Vereins für Verkehr und Heimatkunde Oberhausen-Schmachtendorf, 15). Oberhausen 2003.

Lange, Karl: Zwischen Sterkrader Venn und Wehofener Bruch. Straßennamen als Quellen zur Stadtgeschichte. (= Jahresheft des Vereins für Verkehr und Heimatkunde Oberhausen-Schmachtendorf, 16). Oberhausen 2007.

Linsberger, Axel: Zur Frage der Erblichkeit von spätmittelalterlichen Beinamen in Wien. In: Beiträge zur Namenforschung 45, 2010, S. 27-43.

Loon, Jozef van: Morfeemgeschiedenis en -geografie der Nederlandse toenamen. Handzame 1981.

Marynissen, Ann: Morfosyntactische aspecten van de Belgische familienamen op basis van het. „Belgisch repertorium van familienamen". In: Naamkunde 23, 1991, S. 29-79.

Marynissen, Ann: Limburgse familienamengeografie. In: Naamkunde 26, 1994, S. 243-301.

Marynissen, Ann: Ursprung, Motivierung und Bildung von Familiennamen am Beispiel des niederländischen Sprachgebiets. In: Cornelissen/Eickmans 2010, S. 11-35.

Marynissen, Ann/Nübling, Damaris: Familiennamen in Flandern, den Niederlanden und Deutschland - ein diachroner und synchroner Vergleich. In: Dammel, Antje/Kürschner, Sebastian/Nübling, Damaris (Hrsg.): Kontrastive Germanistische Linguistik, Band 1 (= Germanistische Linguistik, 206-209). Hildesheim/Zürich/New York 2010, S. 311-362.

Mihm, Margret/Mihm, Arend: Mittelalterliche Stadtrechnungen im historischen Prozess. Die älteste Duisburger Überlieferung (1348-1449). Band 1: Untersuchungen und Texte. Band 2: Register, Materialien, Glossar. Köln/Weimar/Wien 2007, 2008.

Nederlands Repertorium van Familienamen, VIII: Gelderland. Ingeleid door K. Heeroma en R. A. Ebeling. Assen 1971.

Nederlands Repertorium van Familienamen, XIV: Limburg. Met een inleiding van J. M. Verhoeff. Zutphen 1988.

Noack, Sabine: Woher die Namen kamen. Klever Straßen und ihre Geschichten. Mit 40 Zeichnungen. Kleve 1997.

Noever, Johannes: Mönchengladbacher Mundartwörterbuch. Bearbeitet von Michael Walter unter Mithilfe von Kurt P. Gietzen. Mönchengladbach 2003.

Oediger, Friedrich Wilhelm (Hrsg.): Quellen zur inneren Geschichte der rheinischen Territorien. Grafschaft Kleve. 2. Das Einkünfteverzeichnis des Grafen Dietrich IX. von 1319 und drei kleinere Verzeichnisse des rechtsrheinischen Bereichs. Hrsg. unter Benutzung der Vorarbeiten von Theodor Ilgen und Mitwirkung von Manfred Petry. Erster Teil: Text. Zweiter Teil: Erläuterungen. Düsseldorf 1982.

Peters, Leo: Geschichte der Stadt Kaldenkirchen. Teil I: Von ihren Anfängen bis zum Ende der französischen Zeit 1814. Kleve 1998.

Peters, Leo: Unbekannte Quellen zu Brachts Einwohnerschaft im 16. Jahrhundert. Zwei Brachter Türkensteuerlisten von 1558/59 und 1578 in Akten eines Reichskammergerichtsprozesses der Familie von Agris. In: Heimatbuch des Kreises Viersen 57, 2006, S. 78-88.

Real, Jean: Hundertvierzig alte Familien-Namen der Stadt Geldern. In: Die Veröffentlichungen des Historischen Vereins für Geldern und Umgegend. Gesamtausgabe in drei Bänden. […]. Mit einem Gesamtregister von Horst Schmitz. Erster Band. Geldern 1974, S. 299-323.

Rheinisches Wörterbuch. […] Erster Band: A – D. Bearbeitet und hrsg. von Josef Müller. Bonn 1928.

Roks, G. L. A.: Oud schrift in Limburg. Een oefenboek. Maastricht 1993.

Scholz-Babisch, Marie: Quellen zur Geschichte des klevischen Rheinzollwesens vom 11. bis 18. Jahrhundert. Mit 4 Karten. Erste Hälfte. Wiesbaden 1971.

Schönberner, Egon: Wortschatz des unteren Niederrheins. Unter Mitarbeit von Ingrid Hüsges, Ernst Lamers, Johannes van Lier. Kleve 1998.

Seesing, Paul: Ein Totenbuch der Münsterkirche St. Martini in Emmerich. (= Emmericher Forschungen, 2). Emmerich 1980.

Steingießer, Bastian: Hünxe. In: Handbuch der Historischen Stätten 2006, S. 494-495.

Theis, Kerstin/Wilhelm, Jürgen (Hrsg.): Frankreich am Rhein. Die Spuren der „Franzosenzeit" im Westen Deutschlands. Köln 2009.

Verhoeff, J. M.: Inleiding. In: Nederlands Repertorium […] Limburg 1988, S. 5-35.

Wej senge op Platt. Niederrheinische und pfälzerische Mundart-Lieder 1990. o. O. 1990.

Wennekers, Martin/Schoofs, Gertrud/Schoofs, Johannes: Ahnentafel Jansen. In: Mosaik. Zeitschrift für Familienforschung und Heimatkunde, 2009, Heft 2, S. 23-25.

Wensky, Margret: Xanten. In: Handbuch der Historischen Stätten 2006, S. 1126-1134.

Wrede, Adam: Neuer Kölnischer Sprachschatz. Mit einer Einführung von Peter Honnen. 13. Aufl. und Sonderausgabe in einem Band. Köln 2010.

Zillgens, Arnold: Wie man hieß und wie man heißt. Geldrische Vornamen im Laufe der Jahrhunderte. In: Geldrischer Heimatkalender 1974, S. 179-188.

Ortsregister

Nicht aufgenommen: Deutschland, Deutsches Reich, Niederrhein.

Aachen   25, 27, 28, 48
Aalten   34
Aldekerk   50, 63
Amerika   85
Amsterdam   38, 41, 85
Angermund   28
Antwerpen   48
Arnheim   16, 24, 32, 34
Asperden   11, 84
Baarlo   40, 41
Basel   61
Bedburg-Hau   78, 83
Belgien   16, 24, 59
Bergisches Land   61
Berlin   50
Bislich   27
Blerick   40, 41
Bocholt   34
Bochum   28
Brabant   48
Bracht   30, 31, 80
Brandenburg   50, 56
Bree   25, 59, 60
Brey   25
Brüggen, Amt   30
Dingden   28
Dinslaken   51, 52, 80
Dremmen   44, 45, 80, 83
Duisburg   10, 12, 13, 28, 47, 52
Düsseldorf   28
Eifel   48
Elburg   32, 34, 35
Elten   28
Emmerich   15-17, 38, 39, 76, 78
Enkhuizen   19
Enschede   28

Erkelenz   28, 81
Essen   28, 77
Florenz   15
Frankreich   61, 63, 72
Gahlen   27
Geilenkirchen   81
Gelderland, Provinz   16, 35, 69, 75, 77
Geldern   13-15, 20, 27, 32, 38, 39, 44, 47, 56, 59, 60, 63, 64, 74
Geldern, Amt   21, 39, 50
Geldern, Grafschaft   24
Geldern, Herzogtum   20, 24, 32, 49, 56
Geldern, Oberquartier   56, 60
Gelre   32
Generalstaaten   47, 56
Gennep   59
Ginderich   27
Goch   9, 11, 20, 27, 28, 36, 39, 44, 52, 53, 59, 60, 67, 68, 76, 78, 83-85
Goch, Amt   21, 24
Grevenbroich   28
Groesbeek   85
Harderwijk   32
Hassum   84
's Heerenberg   16
Heinsberg   44, 45, 47, 81
Herongen   40
's Hertogenbosch   35
Hiesfeld   51, 52, 64, 78
Hildesheim   67, 68
Hinsbeck   50
Holland   47, 63
Hommersum   84
Horst   39-41
Horst aan de Maas   41
Hülm   84

99

Hünxe 27, 52, 64
IJsselmeer 19, 32
Issum 28, 84
Jülich 28
Jülich, Herzogtum 30, 44
Kaldenkirchen 10, 26, 32, 39, 45-47, 49, 80-82
Kalkar 28, 78, 83
Kampen 32
Kerken 49-51
Kerkrade 47, 48
Kervenheim 78
Kessel 25, 56-58, 84
Kettwig 28
Kevelaer 11, 12, 44, 56, 59, 60
Kleve 28, 44, 47, 51, 58, 59, 67, 68, 71, 72, 78, 83, 84
Kleve, Herzogtum 51, 59, 64
Köln 47
Kranenburg 78, 83-85
Krefeld 63, 85
Limburg, Provinz 47, 48, 69, 75, 80
Lottum 40
Löwen 28
Lüttich, Fürstbistum 60
Maasbree 25, 40, 41, 60
Maastricht 28, 47, 48
Marienbaum 63, 78
Menzelen 28
Moers 28, 31, 64, 80
Moers, Fürstentum 64
Moers, Grafschaft 64
Mönchengladbach 24, 41, 44, 85
Mook 55
Münster 39
Naarden 36
Neersen 63
Nettetal 46
Neukirchen-Vluyn 78, 83
Neuss 28

Niederlande 16, 18, 19, 24, 27, 28, 32, 34, 35, 40, 41, 43, 44, 47, 48, 53, 56, 59, 63, 69, 74, 75, 77, 81, 85
Nierswalde 84
Nieukerk 26, 50, 63
Nimwegen 16, 19, 28, 32, 34-36, 47, 53-55, 78
Nord-Brabant 48
Nordholland 19
Oberbruch 44
Oberquartier siehe Geldern
Osnabrück 39
Österreich 56
Ostfriesland 44
Ostpreußen 11
Pfalzdorf 84
Pfalz-Neuburg 44
Philadelphia 85
Preußen 56, 59-61, 64
Raesfeld 28
Recklinghausen 28
Rees 28, 59, 80
Rheinland 20, 34, 44, 47
Rhein-Maas-Gebiet 54
Rheurdt 78, 83
Rindern 67, 68
Roermond 47, 48, 56
Rotterdam 85
Russland 54
Santiago de Compostela 67
Schermbeck 27
Selfkant 81
Sevenum 40, 41
Sonsbeck 28, 51, 78
Sonsbeck, Amt 50
Spanien 35, 48, 56
Spellen 27
Steyl 9
Straelen 20, 22, 23, 28, 56
Straelen, Amt 21, 23

Tegelen 25
Uedem 59, 78, 83
Utrecht 56
Velbert 28
Velden 40
Venlo 9, 24, 26, 30, 34, 39-43, 45, 47, 48, 56, 60, 80, 81
Viersen 30, 32, 56
Voerde 52
Wageningen 34
Walbeck 10, 61-63, 72
Walsum 28
Warbeyen 40, 46
Weeze 78
Wegberg 81

Wesel 19, 20, 27-29, 38, 47, 52, 59, 64-68, 78, 80
Wesel, Kreis 64
Westfalen 61, 78
Weust 55
Wien 13, 56
Wiesbaden 69
Winnekendonk 82
Winternam 50
Wissen 36, 59
Xanten 28, 64, 65, 78, 81-83
Zuiderzee 19
Zutphen 28
Zwolle 28, 32

Register der Familiennamen

Ohne Janssen, Janßen, Jansen.

Aufgenommen wurden Bei- und Familiennamen, auch Vater- und Drittnamen. Die alphabetische Ordnung richtet sich nach der heute (etwa in Telefonbüchern) üblichen Reihenfolge.

Abels   22, 23
Abelsoen   20
Aben   23
van Acken   26
Ackerman   28, 49, 50
Ackermans   49
van Aecken   24, 26
Aelen   31
Aengeneyndt   9
Aengenheister   9
van Aken   21, 26, 28
van Akenn   27, 29
van Andtwerpen   27, 28
Angenend   44
angen Eynde   21
vann Angermondt   28
Angermund   28
Arntsson   16, 17
Arntz   23
becker   12
Becker   12, 13
van Beren   29
Berend   59
Berendsen   75, 77
Beurskens   39
Bislich   27
Blumenthal   64
vann Bochum   28
Boes   59, 60
Bomesinnenwever   29
van Bon(n)   39
(Bor) Jannen   31
Borsken   39
Bremmekamp   52

Brey   25
van Brey   25, 26
die brouwer   29
Brugger   49, 50
Brügger   50
Brugman   49
von Brusegem   38
vann Buderich   27, 30
Buecman   49
Burhans   29
van Burick   27
Bux   49
Buyx   49
van Calcar   28
Claahsen   70
Claes   81, 82
Claessen   75
Claeßen   82
Claessens   75
Claeszoen   34, 35
Claßen   69, 70
vann Cleve   28
Cleyndiddensoen   21
Coenen   11
Cornelii   43
Cornelissen   11, 17, 34, 43, 69, 71, 75, 77
Cornelissoen   34
Corneliszoon   19
Costermans   53, 54
Coutzen   37
Crebbers   57
Custers   17, 26
Dachurer   29

Daemssoen 19
Dericks 40, 46
Derix 44
Derixsoen 19, 20
Derks 23
Derksen 11, 16, 17, 35, 75, 77
Diepenbruick 27
vonn Dingdenn 28
Dostojewski 54
Driessen 69, 75, 77
Duden 28, 36
vann Duissberch 28
van Dusseldurf 28
Eggenradt 30
Elspaß 44
van Elten 28
Engelberts 59
van Enschede 28
van Erckelens 28
van Esch 82
van Essen 28
v. Essen 77
Esser 45, 71
Eyckmans 49, 50
Eycman 49
Fleuren 61
Forstreuter 11, 12, 59
Francken 37
Franssen 75, 82
Frenss 81, 82
Frentzen 82
Furthman 52
van Galen 27
Geeritsen 35
Geerts 55, 56
van Gelder 27
Gerits 54
Gerresen 54
Gerritsen 16, 35, 75, 77
Gerritssoen 34, 35

Geurts 61
Gielen 45
Gijsberts 55
vann Ginderick 27
Glasmeker 29
Glaßmächers 26
van Goch 27, 28, 30
goessens 14
Goessens 35, 36
Goissens 19, 29
Goossens 23, 47
Gossens 30
van Gratum 26
vanden Grave 37
vann Grevenbruch 28
Grohs 70
Gross 70
Groß 70
Grouwels 49
Grub 38
Gudden 52
gÿsen 40
Haemans 40
Hagk 30
Hansen 24, 31
Hanssen 75
Hansß 29
Heindrichs 47
Heister 21
Hendricks 11, 21, 23
Hendrickxs 43
Hendriksen 75, 77
Hendrix 47
Hennen 31
Hennißkens 30, 31
Henrichs 59
Henrici 43
Henricks 17
Henrickssoen 34
Henrixsoen 19

103

Henskens 31
Henßkens 31
Heringen 30
her Janß 10, 46
Her(r) Janß 46
Hermanni 43
Hermans 43
Hermanssoen 19, 20, 29
Hermansson 16
Heursen 61
Heynen 31
Hilgers 45
Hinssen 23, 75
von Holtmullen 30
Hooft 19
vann Hornn vann Gulich 29
Huberti 43
Hueghen 24
Hülseman 52
vann Huns 27
Hursen 61
Huyberts 43
in der Schmidten 30
Ingenbleek 9, 10
ingen Hage 21
Ingenpaß 9, 82
Ingensiep 9
Ingenstau 9
inger Schueren 65
Isendoeren 65
van Issem 28
Jackson 81
Jacobi 43
Jacobs 28, 30, 36, 43
Jacops 21, 23
Jahn 46
Jakobs 9, 11, 17, 21, 23, 43, 67
Jakobsen 21
Jakobsson 21
Janhsen 46, 53, 68-70, 72, 83-85

Janissen 42, 46
Janißen 46
Janmans 41-43
Jannen 31
Jannes 13, 14
Jans 11, 29, 36, 39, 41-46, 48, 49, 57, 81-83
Jansdochter 37
Janse 42
Janshen 53, 68, 69, 72, 74, 83-85
Jansoen 37
Janson 29, 37, 77, 78
Jansoon 37
Janss 36, 81, 83
Janß 10, 45, 46, 49, 81, 83
Janss dochter 37
Janssdochter 37
Janssen alias Krebbers 57
Janssens 42, 48
Janssoen 10, 12, 16, 17, 19-21, 24, 29, 32, 34-39, 50, 65, 74, 75, 77, 78, 83
Jansson 10, 26, 37
Janssoon 37
Jansßen 53
Janszoen 37
Janszon 37, 42
Janszoon 37
Jan(t)z 46
Janzen 42
Jenissen 46
Jennekenn 29
Jennen 10, 46
Jenneskens 42
Jenniß 46, 82
Jennissen 31
Jennißen 10, 46, 82
Jentgens 10, 46
Jentjens 42
Joannis 42, 43, 58
Joekeren 65

Johannis 43
Johannsen 29
Johansen 27, 29, 31
Johanss 42
Johanssoen 12, 15-17, 19, 20, 37-39
Johansson 16
Jordans 35
Josefs 23
Kaerls 34
Kalers 34
Kalthoff 52
Kersken 21
Kerstjens 42
van Kessel 25
Kessels 75
vann Ketwich 28
Klaassen 34, 77
Klaessen 60
Klaßen 82
Koenen 11, 23
kort Jans 45, 83
Kortjans 83
Kosterssoen 21
den Krebber 57
Krebbers 57
Kruper 29
Kruper genant van Beren 29
Lambertssoen 34
Lambertsson 16
Lamers 12, 23
Lantermann 52
Lenhardts 30
Lenssen 71
Lenßen 71
Lenzen 71
van Leuwenn 28
Leyendeker 29
Liefmann 63
Linssen 75
van den Lodic 19

Loeven 23
Louven 23
Ludolfssoen 21
Lufen 23
Lukassen 11
Lysten 40
Maahsen 70
Maassen 69
Maaßen 69
Maes 21, 49, 50
Maessen 75
Martens 57, 58
Martens alias Crebbers 58
Martini 57, 58
van Massricht 28
van Mastricht 28
Mathiae 43
Matthei 43
van Meer 26
vann Mentzelenn 28
Mertens 57, 58
Metten 39
Meuß 82
van Meuwen 26
Meweßen 82
Michailowitsch 54
Moers 28
vann Moers 28
Morgenthau 64
Müllemann 52
Müller 10
van Munster 38
Nagelsmit 29
Nathan 63
Neijus 49
Nelissen 75
Nellen 43
Nellessen 37
Nimwegen 28
vann Nimwegen 28

vangen Nothenhave 42
van Nuess 28
Nyeman 49, 50
Nyenhuis 49
Nymanns 49
Otten 17, 23, 31, 43, 51
Pau(w)en 23
Pauwen 21
Peeters 11
Peeterß 22
Peters 9, 11, 16, 23, 28, 30, 36, 60
Petersen 11
Poortmans 54
Puschkin 54
Püttman 52
Quetin 11
van Rasfelt 28
Reeffssoen 34
Reeffszoen 34
van Rees 28
Reijnders 56
Reijne 56
vann Rekelinckhausen 28
Rogman 21
Rubinstein 64
von der Ruer 38
Ruevers 56
Rütten 23
Rykwynssoen 21
vann Santen 28
van Schermbeck 27
Schlootz 82
Schlosser 71
Schmitz 10, 28
Schnackers 20
Schnackert 20
Schnackertz 20
schoipkin 12
Scholten 28
Schomacher 30

Schürrman 52
Seegers 16, 44
Segers 9, 16, 23
Seghers 17
Sergejewitsch 54
Slaichessoin 21
Smidts 55
Smitz 28
Snackert 19, 20, 28, 29
Sonsbeck 28
van Spellen 27
steck(e)/steckn 12
Stecke 12
Stevens 51
vann Stralen 28
Süselbeck 52
von Süselbeck 52
Süßelbeck 51, 52
Süsselbeck 52
Süßelbeeck 51, 52
van Sutphenn 28
van Swoll 28
Symons 65
te Bruggen 49
van Tegellen 24
ten Boemert 38
Tenhaeff 21
ten Have 21
ter Bruggen 49, 50
ter Horst 39
Terlinden 44
Teunissen 75, 77
Teuwen 43
Teuwsen 82
Theeus 82
Theißen 69, 82
Theunissen 37, 69-72, 75, 82
Theunißen 69
Theusen 82
Thewissen 75

Thijhsen 53	Vohs 70
Thijssen 35-37, 53, 75	Voijrman 42
Thijßen 53	Völlings 9, 10, 23
Thissen 23, 37, 82	Vos 82
Thonis 82	Voss 34
Thönissen 82	Vossen 75
Thönnissen 23, 69	Vossoen 34
Thum 11	van Walsum 28
Thys 81, 82	van Wees 35
Thyssen 43, 69-71, 82	Weihs 70
Toeniß 82	Weiss 70
Tys 49	Weiß 70
Tyssen 43	Van de Werdt 46
Udelen 19	van Wesell 27
Uhrwerker 29	Willemsen 16, 17, 35, 36, 75, 77
Vaessen 75	Willemsson 16, 17
Velbert 28	Wilms 23
van Venloe 35, 38	Wolters 21-23
Verhülsdonk 60	Woltersen 21
Verhuven 9, 10	Wolterssoen 21, 24
Visser 75, 77	Zadick 63
vogel 12	Zeegers 44

Verzeichnis der Abbildungen
(einschließlich der Karten)

1	Geburtsurkunde Walbeck 1805, Detail (siehe Abb. 10)...................	10
2	Ausschnitt der Mitgliederliste der Gelderner Schuhmachergilde 1536 (Stadtarchiv Geldern); Foto: Dr. Stefan Frankewitz (Stadtarchiv Geldern)	14
3	Karte des deutsch-niederländischen Grenzraums	18
4	Umschlag eines „Konto-Gegenbuches"; Scan: Kerstin Timm-Peeterß	22
5	Karte der Territorien an Rhein und Maas im Jahre 1543...................	25
6	Karte zur Verteilung der Varianten Janssen und Jansen	33
7/8	Taufeinträge aus dem Kirchenbuch der St. Hermes-Pfarrei Warbeyen 1684 (Stadtarchiv Kleve); Scan: Drs. Bert Thissen (Stadtarchiv Kleve).........	40/46
9	Klingelschilder; Fotomontage: Heiko Kempken (NRZ am Niederrhein)	55
10	Geburtsurkunde Walbeck 1805 (Stadtarchiv Geldern); Foto: Dr. Stefan Frankewitz (Stadtarchiv Geldern)	62
11	Straßenschild in Goch; Foto: Elena Berroth (LVR-ILR)..................	67
12	Aus einer Empfehlung der „Gesellschaft für deutsche Sprache e. V."	70
13	Geldrischer Heimatkalender 1981, S. 41...............................	72
14	Schreibprobe eines Zweitklässlers aus dem Jahre 2011	73
15	Buchumschlag: Johannes Derksen: Unter Pastor Jansens Paraplü; abgebildet bei Eickmans 2010, S. 133.................................	76
16	Karte zur Zweisprachigkeit am Niederrhein 1794.......................	79
17	Werbeträger Bauernmarkt Janßen; Foto: Katharina Rempel (LVR-ILR)	84